FRIEDERIKE
Königin von Hannover

Jens-Uwe Brinkmann

Edition Rieger

Der Autor, Dr. Jens-Uwe Brinkmann,
ist Leiter des Städtischen Museums Göttingen.

Seiten 60/61: Neuruppiner Bilderbogen, um 1841.

KARWE / BEI NEURUPPIN
Lange Straße 63, 16818 Karwe
Telefon und Fax: 03 39 25 / 7 10 63
E-Mail: edition_g_rieger@hotmail.com
Internet: www.edition-rieger.de

Fotonachweis: Städtisches Museum Göttingen (Seite 3, 22, 32, 34 o., 56, 58, 59, 60, 61, 65, 69, 70), Staatliche Museen zu Berlin, Skulpturensammlung (S. 14), alle anderen Archiv des Verlages
Satz: Theuberger Verlag GmbH
Druck: Druckerei Steinmeier, Nördlingen

Hannover um 1820. Radierung von Heinrich Christoph Grape.

Es war am Morgen des 22. Juni 1841, als der König von Hannover, Ernst August, die Meldung des Arztes empfing, das Befinden seiner Gemahlin habe sich sehr verschlechtert.[1] Der Königin war es während des Winters 1840/41 gesundheitlich nicht besonders gut gegangen, doch hatte ihr Zustand sich wieder so weit gefestigt, daß sie ihren Geburtstag am 2. März – es war der 63. – bei gutem Befinden im Kreis ihrer Familie feiern konnte. Anfang April begannen erneut Magenbeschwerden, unter denen sie schon seit längerer Zeit zu leiden hatte, und seit dem 9. des Monats hatte sie ihr Bett kaum noch verlassen können.[2] Der König war trotz der Versicherungen der Ärzte, es bestehe keinerlei Gefahr und Ihre Majestät werde sich bald wieder erholen, äußerst besorgt um seine »angebetete Ike«[3], und sein Gefühl trog ihn nicht. Am 27. Juni fühlte sich die Königin so schlecht, daß sie nach dem Pfarrer verlangte und bat, er möge ihr das Abendmahl reichen. Der besorgte Gatte wich nicht von ihrem Lager, bis sie Ruhe gefunden zu haben schien.

Nach kurzem Schlaf trafen die Äußerungen des Arztes den besorgten König zutiefst, und er suchte sofort das Schlafzimmer seiner Gemahlin auf, in dem die Leidende ihn erwartete. Sie war sich ihres ernsten Zustandes offenbar seit längerer Zeit bewußt, hatte aber bis zu diesem Augenblick kein Wort darüber verloren – wohl, um den besorgten Gatten zu schonen. Nun, da er zu ihr trat, legte sie ihre Hand in die seine und sagte still zu ihm: »This is death.« Ernst August verharrte an ihrer Seite, voller Bewegung und Trauer, bis ihr Leben zwanzig Minuten nach Mitternacht leise und ohne Qual verlosch. Die Königin von Hannover, seine über alles geliebte Friederike, war tot, gestorben in jenem Zimmer, in welchem sie einst das Licht der Welt erblickt hatte.[4]

Kinder- und Jugendjahre

Als vierte und jüngste Tochter des Prinzen Carl von Mecklenburg-Strelitz (1741–1816) und seiner Gemahlin Friederike (1752–1782), einer geborenen Prinzessin von Hessen-Darmstadt, wurde Friederike Sophie Alexandrine am 2. März 1778 im Alten Palais in der Leinstraße in Hannover, gegenüber dem seit dem Beginn der Personalunion Kurhannovers mit England 1714 verwaisten Residenzschloß, geboren.
Ihr Vater war als jüngerer Bruder des Herzogs Adolph Friedrich IV. von Mecklenburg-Strelitz – durch Fritz Reuter als »Dörchläuchting« unsterblich gemacht – in englisch-hannoversche Dienste getreten und vertrat den Kurfürsten von Hannover und König von Großbritannien, Georg III., der mit Charlotte, der Schwester des Prinzen Carl, verheiratet war, in dessen Stammlanden.

Der lebenslustige Carl und seine Gemahlin, die als Nichte des Landgrafen von Hessen-Darmstadt aus einem für damalige Verhältnisse einigermaßen bescheidenen Elternhaus stammte und die er als Sechzehnjährige geheiratet hatte, erzogen ihre Kinder weniger nach den in adeligen Kreisen der damaligen Zeit üblichen Vorstellungen, sondern lebten ein eher bürgerlichen Vorstellungen entsprechendes Leben mit ihrer Familie, das der unmittelbaren Zuneigung zwischen Eltern und Kindern weiten Raum ließ; es gab kein standesbewußtes Getue, sondern man ging offen und herzlich miteinander um.[5]

Das Ehepaar wohnte in Hannover zur Miete in dem stattlichen Palais »in bester Lage«, das 1752 für die Familie v. d. Bussche erbaut worden war.[6] Hier wurde 1779 Georg, der lang ersehnte Sohn und Erbprinz, geboren, und hier starb am 22. Mai 1782 die junge Frau nach der Geburt ihres sechsten Kindes, einer Tochter, die nur wenige Stunden zu leben hatte.[7] Der Prinz, nunmehr Witwer mit fünf Kindern, verheiratete sich in zweiter Ehe mit Charlotte, der jüngeren Schwester seiner verstorbenen Gemahlin. Die zweite Ehe endete keine zwei Jahre später, nach der Geburt des Sohnes Carl im November 1785, mit dem Tod der jungen Mutter am 12. Dezember desselben Jahres. Der Verlust seiner beiden Ehefrauen in so kurzer Zeit muß Carl zutiefst getroffen haben – er blieb für den Rest seines Lebens unvermählt.

Da er sich in seiner Situation als Witwer außerstande sah, seinen Töchtern die notwendige Erziehung und Fürsorge angedeihen zu lassen, entschloß sich der Prinz, die Großmutter der Kinder, seine Schwiegermutter, um Hilfe zu bitten. Als Witwe des Prinzen Georg Wilhelm von Hessen-Darmstadt lebte die Prinzessin Marie Luise Albertine, in Darmstadt »Prinzessin George« genannt, im dortigen Alten Palais am Schloßplatz; ihr vertraute Carl seine Töchter Therese, Luise und Friederike an. Die Älteste, Charlotte, hatte sich bereits 1785, gerade sechzehn Jahre alt, mit Friedrich, dem regierenden Herzog von Sachsen-Hildburghausen, verheiratet und lebte in der kleinen Residenzstadt in Thüringen. Georg und Carl, seine Söhne, blieben in Hannover bei ihrem Vater unter der Aufsicht ihres Hofmeisters.

Prinzessin George war zu dieser Zeit 57 Jahre alt und lebte allein, nachdem ihre Kinder das elterliche Haus verlassen hatten; sie nahm sich gern der mutterlosen Enkelinnen an, und so reisten die jungen Mädchen im Frühjahr 1786 nach Darmstadt.[8] Das Leben in der Obhut der Großmutter sollte sich für alle drei als ein Glücksfall erweisen; bei der lebensklugen und warmherzigen Frau fanden sie alles, was ihnen notwendig war und was sie bis an das Ende ihres Lebens prägen sollte: Liebe und Ungezwungenheit im Umgang miteinander, dabei eine vernünftige Erziehung, welche für heutige Verhältnisse in ihrem bildungsmäßigen Anspruch einigermaßen bescheiden wirkt, aber durchaus dem entsprach, was zu jener Zeit von den Töchtern des Adels erwartet wurde. Die aus der Schweiz stammende Erzieherin Suzanne de Gélieu hatte die Mädchen bereits in Hannover betreut; in ihrer Obhut blieben sie auch bei der Großmutter in Darmstadt, und sie lehrte sie das, was für eine Prinzessin notwendig und »schicklich« galt, vor allem Französisch, die damalige Umgangssprache an den europäischen Höfen.

Friederikes Vater Carl Ludwig Friedrich Herzog von Mecklenburg-Strelitz (1741 – 1816) regierte von 1794 bis 1816 (Großherzog ab 28. 6. 1815), heiratete 1768 Friederike Caroline Luise von Hessen-Darmstadt (1752 – 1782) und nach ihrem Tode ihre Schwester, Charlotte Wilhelmine Christiane Marie von Hessen-Darmstadt (1755 – 1785). Ihm folgte sein Sohn Georg (1779 – 1860) in der Regierung.

Friederike, die jüngste der drei Prinzessinnen, schloß sich in dieser Zeit eng an ihre zwei Jahre ältere Schwester Luise an; die enge Verbindung sollte bis zu deren frühem Tod 1810 für beide Frauen ein wichtiges Element in ihrem Leben bleiben, wobei Luise immer diejenige war, die sich um »die Kleine« – »Ika«, wie sie in der Familie genannt wurde – Sorgen und Gedanken machte – wie man sehen wird, nicht immer ohne Grund.

1787 entschloß sich der Vater, seine Verpflichtungen im englisch-hannoverschen Dienst zu quittieren und mit seinen beiden Söhnen ebenfalls nach Darmstadt überzusiedeln – zur großen Freude seiner Kinder, die nun am gleichen Ort, wenn auch in verschiedenen Häusern, zusammen leben konnten: Die Mädchen blieben bei der Großmutter im Alten Palais, während Georg und Carl mit ihrem Hofmeister in einem Haus in der Rheinstraße wohnten.

Durch die Aufgabe seiner Verpflichtungen in Hannover hatte der Prinz zwar merklich weniger Einkünfte, dafür ergab sich für ihn durch die Tatsache, seine Kinder unter der Aufsicht ihrer Großmutter in Darmstadt zu wissen, die Möglichkeit zu größerer Unabhängigkeit für seine eigene Person, die er durchaus schätzte und zu nutzen wußte: Er begann wieder, seiner Leidenschaft für das Reisen zu frönen; bevorzugtes Ziel war für ihn Bad Pyrmont, damals Treffpunkt des Hochadels und der mondänen Welt. Hierher war er schon in früheren Jahren mit seiner Familie gereist[9] und hierher sollte er bis in die späteren Jahre seines Lebens immer wieder gern zurückkehren.

Für die Töchter blieb die Großmutter geliebter und verehrter Mittelpunkt des häuslichen Lebens, an dem die Brüder, soweit ihre Zeit es zuließ, teilhatten. Nach der Heirat der älteren Schwester Therese mit dem Erbprinzen Karl Alexander von Thurn und Taxis 1789 fanden die beiden Schwestern Luise und Friederike noch näher zueinander. Daß mittlerweile in Frankreich mit dem Sturm auf die Bastille am 14. Juli desselben Jahres eine Revolution gegen König und Adel begonnen hatte, war in der behüteten Häuslichkeit in Darmstadt offensichtlich nicht oder nur am Rande zur Kenntnis genommen worden.

Ähnlich verhielt es sich im gesamten Zusammenhang des Alten Reiches; große Ereignisse standen bevor, die die ernsten Botschaften aus Frankreich übertönten: 1790 war der regierende Kaiser Joseph II. in Wien kinderlos gestorben, und man rüstete zur Krönung seines jüngeren Bruders Leopold, die traditionsgemäß in der alten Reichsstadt Frankfurt am Main stattzufinden hatte.

Frau Rath: Catharina Elisabeth Goethe beherbergte die jungen Prinzessinnen Luise und Friederike, die sich stets mit Dankbarkeit dieser Tage bei der lebenspraktischen, klugen und mütterlichen Frau erinnerten. Zeichnung nach einem Aquarell von Georg Friedrich Schmoll.

Frankfurt war mit seiner jährlich stattfindenden Messe und der Attraktivität der großen Stadt schon mehrfach Ziel der Prinzessin George und ihrer Enkelinnen gewesen; nun sollten sie, mit der ausdrücklichen Erlaubnis des Vaters, zur Kaiserkrönung reisen und nahmen Quartier im Haus der Mutter des Dichters Johann Wolfgang Goethe, der »Frau Rath«; ihr hatte der berühmte Sohn in Weimar eine Prominenz verschafft, welche sie aufs schönste zu nutzen verstand. Ihr Haus am Hirschgraben wurde von durchreisenden Fremden gern aufgesucht, und sie empfing gastfrei, ihrer Bedeutung sich durchaus bewußt. Die beiden jungen Mädchen mit ihrer Ursprünglichkeit und Fröhlichkeit fanden freundliche Aufnahme bei der Hauswirtin, und die Sympathie war gegenseitig. Später, in einem Brief an ihren Sohn, der mit Friederike 1806 in Karlsbad zusammengetroffen war und seiner Mutter davon berichtet hatte, erinnerte sie sich: »... von einer steifen Hoff-Etikette waren sie da in voller Freyheit – Tantzend – sangen und sprangen den gantzen Tag – alle Mittag kamen sie mit 3 Gablen bewaffnet an meinen kleinen Tisch – gabelten alles was ihnen vorkam – es schmeckte herrlich ... hernach mußte ich ihnen von den vorigen Krönungen erzählen auch Mährgen usw.«[10] Für die Teilnahme an den großen gesellschaftlichen Ereignissen waren beide Prinzessinnen noch zu jung, aber der große Rahmen der Krönungsfeierlichkeiten, vielleicht auch das Gefühl »dabeigewesen« zu sein, werden nicht ohne starke Wirkung geblieben sein.

In Frankfurt gab es auch andere Kontakte. Durch die Ehe der älteren Tochter mit dem Prinzen von Thurn und Taxis hatte die Darmstädter Familie Bekanntschaft mit dem Vertreter des Hauses in Frankfurt, Herrn von Vrints, gemacht, dessen Frau in einem Brief an Therese von Thurn und Taxis im Jahr zuvor zum ersten Mal den besonderen Reiz artikulierte, der von Friederike zeit ihres Lebens ausgehen sollte. In ihrer Schilderung des Besuchs der beiden Mädchen, die damals 13 und 11 Jahre alt waren, bekennt sie: »Es sind reizende Kinder, beide gleich hübsch, geistvoll, gut, aber, ich weiß nicht warum, mein Herz spricht mehr für Friederike.«[11]

Eine weitere Reise im Sommer 1791 führte die beiden Prinzessinnen mit ihrer Großmutter in die Niederlande; mit von der Partie war ihr Onkel, Prinz Georg von Hessen-Darmstadt. Die vielen Städte, die sie besuchten, vor allem Amsterdam, machten ihnen großen Eindruck, während sie den Aufenthalt in Schloß Broich in Mülheim an der Ruhr, damals im Besitz ihrer Großmutter, mit gewisser Langeweile erduldeten und froh waren, daß der unterhaltsame und fröhliche Onkel Georg mit ihnen war. Nach diesem Unternehmen wird es den beiden nicht leichtgefallen sein, wieder in den Darmstädter Alltag zurückzukehren, aber nun kam die Zeit der Vorbereitung für die Konfirmation. Prinzessin George als ernsthafte und fromme Protestantin sorgte dafür, daß diese mit Güte und Geduld erfolgte: Sie vertraute ihre Enkelinnen dem Darmstädter Stadtpfarrer Johann Wilhelm Lichthammer an, von dessen Qualifikation als Seelsorger sie sich überzeugt hatte. Am 15. Juni 1792 fand die feierliche Konfirmation der beiden Schwestern in der Stadtkirche statt. Friederike war vierzehn Jahre alt.

In diesem Jahr war der Kaiser Leopold II. im März verstorben, und das revolutionäre Frankreich hatte am 20. April Österreich, der Heimat der beim Volk verhaßten französischen Königin Marie Antoinette, den Krieg erklärt.

Die Revolution in den englischen Provinzen in Nordamerika und ihre Unabhängigkeit seit 1776 hatten in Europa weithin großen Beifall gefunden, und das französische Volk fand darin die Voraussetzungen, welche am 14. Juli 1789 zum Sturm auf die Bastille und damit zum Ausbruch der französischen Revolution geführt hatten. »Freiheit, Gleichheit, Brüderlichkeit« – das waren die drei Begriffe, die das alte, ständisch geprägte System mit seinen Privilegien und Vorrechten für Adel und Klerus in Frankreich zerbrechen ließen. Der König verlor seine Macht und wurde als »Bürger Capet« zum konstitutionellen Monarchen, dem die Nationalversammlung als Organ des Volkes vorgesetzt war. Diese Vorgänge wurden in den benachbarten Staaten im alten »Heiligen Römischen Reich Deutscher Nation« mit Argwohn beobachtet. Viele Angehörige des französischen Adels flohen über den Rhein nach Osten. Im August 1792 wurde der französische König Ludwig XVI. abgesetzt, und das Volk stürmte das Palais des Tuileries in Paris; die königliche Familie wurde in den Temple überführt und geriet damit in Gefangenschaft. Nicht das österreichische Heer, sondern die verbündeten Preußen marschierten gegen die Truppen der Revolution, scheiterten jedoch wider eigenes Erwarten am zähen Widerstand und der strategischen Überlegenheit des französischen Heeres und sahen sich zum Rückzug gezwungen. Französische Truppen folgten dem Heer der »Koalition« und besetzten das linke Rheinufer. Am 21. September 1792 wurde in Paris die Republik ausgerufen, und im Januar 1793 fiel das Haupt des entthronten Königs Ludwig XVI. unter der Guillotine;

im Oktober des Jahres fand auch Marie Antoinette ihren Tod durch das Fallbeil.

An der glanzvollen Krönung des Kaisers Franz II., der seinem Bruder Leopold nach kaum zwei Jahren im Amt folgte, durften die beiden Prinzessinnen aus Darmstadt wieder teilnehmen, und sie genossen das große Ereignis, von dem niemand ahnte, daß es die letzte Kaiserkrönung des Alten Reiches sein würde. Die Idylle hatte nun ein Ende, auch für die Familie in Darmstadt: Speyer, Worms, Mainz und zeitweise sogar Frankfurt waren von französischen Truppen besetzt – die Lage in Darmstadt schien allmählich brisant zu werden.

Prinzessin George beschloß, mit den in Darmstadt lebenden Enkeln zu deren ältester Schwester Charlotte nach Hildburghausen zu reisen, um der unmittelbaren Gefahr zu entgehen. Dorthin kamen auch Prinz Carl, der Vater der Kinder, und die Schwester Therese, schließlich auch der Onkel Georg von Hessen-Darmstadt, mittlerweile ein »Kriegsheld«, unter dessen Kommando es gelungen war, die Franzosen aus Frankfurt zu vertreiben.

Durch diesen militärischen Erfolg war Georg dem König von Preußen, Friedrich Wilhelm II., angenehm aufgefallen, der an der Spitze der Truppen der »Koalition« stand, und bekam Order, sich bei ihm einzufinden; in der Folge fand er Gelegenheit, mit dem Monarchen auch privat Umgang zu haben. Es blieb von ihm nicht unbemerkt, daß dieser auf der Suche nach einer standesgemäßen Gemahlin für seinen ältesten Sohn, den Kronprinzen Friedrich Wilhelm, war, und es war für den Prinzen ein leichtes, ganz nebenbei im Gespräch seine Nichten, die mecklenburgischen Prinzessinnen, zu erwähnen, deren Liebreiz und Charme zu loben ihm nicht schwer fiel.

Brieflich bat er daraufhin seine Mutter, möglichst rasch mit Luise und Friederike von Hildburghausen nach Darmstadt zurückzukehren, da die Franzosen über den Rhein zurückgedrängt seien und keine unmittelbare Gefahr mehr bestehe; sie solle auf jeden Fall ihre Rückreise in Frankfurt unterbrechen. So geschah es.

Am 13. März 1793 erreichte die Reisegesellschaft Frankfurt und traf – noch am selben Abend und offensichtlich gut arrangiert – »zufällig« im Theater den preußischen König. Dieser, der weiblichen Schönheit keineswegs abhold – nicht von ungefähr nannte man ihn »den Vielgeliebten« –, ließ sich die beiden Prinzessinnen vorstellen und war auf Anhieb entzückt von ihrer Anmut und ihrem Liebreiz. Noch am Abend berichtete er nach

Berlin: »... wie ich die beiden Engel zum ersten Mal sah, es war am Eingang der Komödie, so war ich so frappirt von ihrer Schönheit, daß ich ganz außer mir war, als die Großmutter sie mir präsentirte. Ich wünschte sehr, daß sie meine Söhne sehen möchten und sich in sie verliebten«.[12]

Es geschah allerdings denn doch nicht ganz so, wie der begeisterte Vater es sich wünschte; seine beiden Söhne blieben zunächst einigermaßen reserviert – der Kronprinz eher zurückhaltend, weil er seine Wahl nicht zu überstürzen gedachte, und wohl auch aus der ihm eigenen Bedächtigkeit, Louis, sein jüngerer Bruder, weil er sich bereits an eine andere, nicht standesgemäße Frau gebunden fühlte und sich lediglich, um dem Willen des Vaters nachzukommen, bereiterklärte, eine von den beiden Prinzessinnen zu heiraten. Welche, war ihm gleichgültig.

Mit fünfzehn nach Preußen

An diesem Punkt ihres Lebens endeten für die gerade fünfzehnjährige Friederike der Friede und die Idylle ihrer Kindheit und Jugend; sie fand sich in eine Lage versetzt, die zu bestehen von ihr Kraft erforderte und die für sie unweigerlich mit Schmerz und Traurigkeit verbunden sein würde – gänzlich unangemessen ihrer Jugend und Unschuld. Friedrich Wilhelm, der Kronprinz, fühlte sich zunächst – wohl bedingt durch ihren Charme und ihre natürliche Anmut, worin sie allen ihren Schwestern zeit ihres Lebens überlegen sein sollte – mehr von ihr angezogen, entschied sich schließlich jedoch, wie hinlänglich bekannt, für Luise, die ältere der beiden Schwestern. Ob er geahnt hat, daß er damit das für ihn einzig Richtige getan hatte, steht dahin; daß es so gewesen ist, beweist die glückliche und erfüllte Ehe, die er mit Luise bis zu deren frühen Tod im Alter von nur 34 Jahren geführt hat.

Sein Bruder Louis nahm denn die Jüngere – es war ihm schlicht egal. Für die damalige Zeit und in den Kreisen des Hochadels war diese Einstellung keine Seltenheit, doch für Friederike, die ihre Kindheit und frühe Jugend nicht im starren Regelwerk der höfischen Erziehung mit der Disziplin als höchster Tugend hatte verbringen müssen, mußte bald die Erfahrung, mit einem Menschen zu leben, von dem sie keine Liebe zu erwarten hatte, zur traurigen Erkenntnis werden – um so mehr, als ihr Herz offen war für alles, was an Zärtlichkeit und Wärme ihr entgegengebracht wurde.

Zunächst jedoch kam der König von Preußen in den »Weißen Schwan«, wo Prinzessin George mit ihren Enkelinnen Wohnung genommen hatte, und hielt offiziell bei der Großmutter für seine beiden Söhne um Luise und Friederike an. Diese berief sich – formell – auf die notwendige Zustimmung ihres nicht anwesenden Schwiegersohnes, des Prinzen Carl, erlaubte aber großzügig den beiden jungen Prinzen, bis zur Abreise der Damen nach Darmstadt am 21. März, ihren Bräuten ihre Aufwartung zu machen und sie zu sehen. »Mein Bruder war und blieb sehr kalt gegen seine Braut, so zärtlich und zuvorkommend sie auch gegen ihn war«, schrieb der damalige Kronprinz, nunmehr König Friedrich Wilhelm III. von Preußen, später in seinen Erinnerungen.[13] Einige Wochen später handelte der Brautvater mit König Friedrich Wilhelm II. die Eheverträge aus: Zu seiner großen Erleichterung erklärte sich der König in seiner bekannten Großzügigkeit bereit, die Kosten für die Hochzeitsfeierlichkeiten zu übernehmen. So konnten die beiden Töchter ihre bescheidene Mitgift von jeweils 15 000 Talern ausschließlich für ihre Aussteuer verwenden.

Die Verlobung der beiden Paare wurde am 24. April 1793 in Darmstadt im Alten Palais bei der stolzen Großmutter gefeiert. Bald darauf wurde das Hauptquartier der Koalitionstruppen nach Bodenheim verlegt, und die Möglichkeiten für die beiden Prinzen, ihre Bräute zu sehen, wurden seltener.

Verlobt – verheiratet: Louis und Friederike. Nach einem Miniaturbildnis von J. F. Tielker, 1793.

Linke Seite: Das Prinzessinnenpalais ist seit der Rekonstruktion 1963/64 als Operncafé bekannt. Foto 2003.

Louis wird das kaum beunruhigt haben, jedoch sein Vater, der König, immer liebenswürdig, lud seine Schwiegertöchter in spe ins Feldlager ein. Am 28. Mai trafen sie bei miserablem Wetter ein und erschienen dem dort anwesenden Johann Wolfgang Goethe »in diesem Kriegsgetümmel« als »himmlische Erscheinungen«.[14] Bei dieser Gelegenheit begegnete Friederike zum ersten Mal dem Preußenprinzen Louis Ferdinand, dessen Erscheinung offenbar nicht ohne Eindruck auf sie blieb: »Er betrachtete uns (d. h. Luise und sie) mit durchbohrendem Blick. Er ist sehr liebenswürdig«, notierte sie sich.[15]

Nach der Kapitulation des französischen Heeres in Mainz am 22. Juli 1793 blieben die beiden Prinzen beim Heer, während die jungen Bräute Luise und Friederike unter der Aufsicht ihrer Großmutter sozusagen den »letzten Schliff« in höfischer Etikette und dem Rang angemessenem Verhalten erhielten, Lehren, die anzunehmen den beiden jungen Frauen nicht leichtgefallen sein wird nach dem unbeschwerten Leben in ihrer Darmstädter Zeit – beide mögen leicht beklommen an ihre Zukunft am königlichen Hof in Berlin gedacht haben. Die Beschaffung der Aussteuer kostete Zeit und Überlegungen, dazu kam die Korrespondenz mit den Verlobten, die offenbar zwischen dem Kronprinzen

Friederike. Büste von Johann Gottfried Schadow, 1795

und Luise stärker gepflegt wurde, als das bei Friederike und dem kühlen Louis – dem sie »zugefallen« war – der Fall war.

Am 13. Dezember 1793 trat man die Reise nach Berlin an; Friederike und Luise wurden begleitet vom Vater und der Großmutter, auch der jüngere Bruder und Erbprinz, Georg, war eingeladen, dabeizusein. Über Aschaffenburg und Würzburg fuhr man zunächst nach Hildburghausen zur Schwester Charlotte; von dort ging es weiter über Erfurt und Weimar nach Leipzig, wo den beiden jungen Frauen beim Besuch des Theaters vom Publikum Ovationen bereitet wurden. In Potsdam schließlich wurde die Reisegesellschaft von den beiden preußischen Prinzen empfangen – wieder zeigte sich Louis völlig gleichgültig gegenüber seiner Braut.

Ein Triumph für die beiden jungen Prinzessinnen wurde der Einzug in die Stadt Berlin am 22. Dezember 1793. Die Bevölkerung stand in den Straßen Spalier und jubelte ihnen zu. Luise als künftige Gattin des Kronprinzen wurde Unter den Linden durch Bürgermeister und Magistrat der preußischen Hauptstadt begrüßt, Friederike saß lächelnd neben der Schwester – von hier an, so war ihr bewußt, würde sie am Hof eine zweite Rolle spielen. Einen Tag nach ihrer Schwester, am 25. Dezember 1793, wurde sie – gerade fünfzehnjährig – mit dem Prinzen Louis von Preußen verheiratet, der sie nicht liebte und dem sie gleichgültig war.

Während der Kronprinz mit seiner Gemahlin das Kronprinzenpalais Unter den Linden[16] bezog, wurde dem Prinzen Louis und Friederike, nunmehr als preußische Prinzessin Angehörige des Königshauses, das unmittelbar benachbart jenseits der Oberwallstraße gelegene, später sogenannte »Prinzessinnenpalais« als Wohnung durch den König zugewiesen. Der die beiden Bauten heute verbindende Übergang über die Oberwallstraße existierte zu jener Zeit noch nicht[17], doch auch ohne diesen ermöglichte die enge Nachbarschaft den beiden Schwestern, ihre enge Verbundenheit weiterhin zu pflegen. Für Friederike war das um so wichtiger, als sich nach kurzer Zeit herausstellte, daß ihr Gemahl trotz all ihrer Versuche, sich ihm angenehm zu machen und seine Liebe – oder doch wenigstens seine Achtung – zu erlangen, ihr gegenüber in Ablehnung und Kälte verharrte.

In gewohnter Fürsorge um die Jüngere richtete Luise am 16. Mai 1794 brieflich die Bitte an ihren Ehemann, der gemeinsam mit seinem Bruder beim Heer war: »Friederike läßt Dir viele zärtliche Empfehlungen sagen und bittet Dich dringend, mit Deinem Bruder öfters über sie zu sprechen, damit er sie mehr lieben möge. Ihre letzten Gespräche gefallen mir nicht. Er hat sie merken lassen, daß er eine gewisse Person noch immer liebt, worüber sie außer sich ist, denn sie betet Louis an.«[18] Die Gefühle Friederikes sind um so mehr verständlich, als sie zu diesem Zeitpunkt bereits ihr erstes Kind erwartete – wie ihre Schwester, die am 7. Oktober eine Tochter tot zur Welt brachte und voller Trauer ihrem Bruder Georg am 1. November 1794 von der glücklichen Niederkunft Friederikes am Tag zuvor berichtete: »... ob sie gleich sehr viel litt, so hat sie doch für ihr Leiden eine große Entschädigung, denn sie hat ein lebendiges, gesundes Kind zur Welt gebracht, das sie jetzt schon unaussprechlich glücklich macht«[19]. Der erste Sohn erhielt nach seinem Großvater und seinem Vater den Namen Friedrich Ludwig.

Die beiden jungen Frauen blieben auch in der Folge einander eng verbunden und verbrachten manche Stunde miteinander, fuhren gemeinsam aus, plauderten, fertigten Handarbeiten an, wie es sich für Frauen ihres Standes in jener Zeit schickte, und speisten gern gemeinsam. Eine wohl nicht unangenehme Abwechslung für beide waren die Stunden, die sie dem Bildhauer Johann Gottfried Schadow im Laufe des Jahres 1795 Modell saßen. Auf Anordnung des Königs schuf Schadow Portraitbüsten beider Prinzessinnen, die zur Grundlage für die berühmte Prinzessinnen-Gruppe wurden, welche Schadow in den Jahren 1795–97 ausführte.[20] Der Künstler berichtete über diese Arbeit in seiner späteren Schrift »Kunstwerke und Kunstansichten«[21]: »Im Jahre 1794 hatte sich in Berlin ein Zauber verbreitet, welcher über alle Stände ausging, durch das Erscheinen der hohen Schwestern, Gemahlinnen der Söhne des Königs. In Mecklenburg geboren, aber am Mainstrom erzogen[22], war ihnen die angenehmste der deutschen Mundarten zuteilgeworden[23] und waren diejenigen, welche außer dem Anblick ihrer Wohlgestalt ihre Stimmen hörten, davon begeistert. Es entstanden Parteien, welcher von beiden der Vorrang der Schönheit zukomme.« Weiter heißt es bei Schadow: »Ausgemacht war, die Prinzessin Louis solle zuerst zu ihrer Büste sitzen ... Mit den Damen kam auch der Kronprinz. Man baut sich auf eine Büste in Ton, Naturgröße und so, daß dem ersten Entwurfe nach ein Idealkopf gebildet werden könne. Die Profilierung meines lebenden Originals hatte aber nicht die Stirn und Nase in einer fortschreitenden Linie, und nach dem ersten Visieren nahm ich mit einem Zuge, durch Wegnahme eines Stücks Ton, die Profilierung der Natur – ein Manöver, welches die hohen Herrschaften nicht wieder vergaßen und mir nachmals vormachten; auch die Prinzessin erwähnte, wie sie daraus die Abweichung ihres Profils vom Ideale wahrgenommen habe. Der Beifall, den diese Büste erhielt, dauerte fort und zur Zeit des dritten Gemahls, wo Ausgüsse davon bestellt wurden, nannte die Fürstin solche: ›mon feu visage‹.«[24] Neben den beiden lebensgroßen Ausführungen der Gruppe der Prinzessinnen, die in der Folge entstanden, kam es auch zu einer verkleinerten Kopie, die zur Ausführung in Bisquitporzellan für die Königliche Porzellanmanufaktur bestimmt war.[25]

Bereits im Herbst 1795 bekam Friederike ihren zweiten Sohn, der seinen Namen Carl Georg nach dem Vater und dem Bruder der Mutter erhielt. Wenig später ernannte der König Prinz Louis zum Chef des Dragoner-Regiments Nr. 1, dessen Stab in Schwedt an der Oder stationiert war; daraufhin bezog die Familie in Schwedt das dortige Schloß.
Im April 1796 schrieb Luise an den Bruder Georg voller Besorgnis, sie habe gehört, in Schwedt grassierten die Röteln, »... besonders wegen meiner armen Schwester, die gewiß wieder schwanger ist und wo so eine Krankheit immer doppelt gefährlich ist, besonders fürs Kind hat es beinahe immer traurige Folgen«[26], konnte jedoch bei dem bald folgenden Besuch, den sie gemeinsam mit Friedrich Wilhelm Schwester und Schwager in Schwedt abstattete, feststellen, daß ihre Besorgnis um Friederike unnötig war: »Prinz Louis ist ein ganz anderer Mensch in Schwedt, gut und zärtlich mit seiner Frau, seine Laune heiter, seine Stirne ohne Runzel und der kleine Fritz sein kleiner Abgott – wie natürlich ist es, daß ein Teil der Liebe auf diejenige zurückfällt, die ihm das liebe Kind gab; auch wenn seine Frau kein anderes Verdienst hätte als dieses Kind, so wäre dieses Kind doch genug, um ihn zu fesseln – sagen muß ich Dir, daß Friederike engelrein dasteht und sie nur ihre Pflicht und ihren Mann vor Augen hat«, schrieb die Kronprinzessin nach ihrer Reise an den Bruder Georg[27] und informierte ihn wenig später über die Ankunft der Schwester mit den Kindern in Berlin und über die glückliche Geburt der Tochter Friederike am 30. September 1796: »Die kleine Mademoisel befindet sich auch recht wohl und ist ein hübsches Kind, gleicht keinem, ist aber ein recht gut gebildetes Kind, und besonders gegen den Carl ein Adonis.«[28] In weiteren Briefen hielt Luise den Bruder auf dem laufenden über das Befinden der Wöchnerin; gerade in dieser Situation läßt sich aus den Briefen einmal mehr erkennen, welche Nähe unter den Geschwistern auch nach der Eheschließung der beiden jungen Frauen bestand, vor allem aber die Sorge, die Luise als die Ältere der

Schwester entgegenbrachte. Einige Tage später hieß es: »Ich komme eben von Friedrike her. Die ist so wohl, daß man sie wahrhaftig nicht für eine fünftägige Wöchnerin halten sollte. Sie hat ihre roten Backen, spricht so stark wie ein Dragoner und hat Kräfte wie ein Bär – ein kleines niedliches Portrait. Doch auf Ehre; ich sah noch nie so eine Wöchnerin«.[29]

Die junge Witwe

Im Dezember des Jahres kam Prinz Louis aus Schwedt zurück nach Berlin zu seiner Familie, doch die Freude darüber währte nicht lange, da er schwer an Diphtherie erkrankte. Therese, die ältere Schwester, kam in diesen Tagen nach Berlin und äußerte sich in einem Brief an den Bruder Georg ihrerseits zur Situation der Schwester: »Friederike ist ein einziges Geschöpf ... Wie unglücklich, daß gerade das liebliche, hingebende Wesen mit so einem eiskalten Mann verbunden ist. Gottlob, jetzt finden sie sich ganz, sie entschuldigt gewisse Schwächen und findet viel Glück, Freude und Nahrung für ihr Herz in ihren Kindern. Man weiß, wie leicht enttäuschte Hoffnungen verbittern, allein das ist gar nicht der Fall. Sie hat sich und mir zugleich versprochen, daß sie sich vor Klagen und Explikationen wie vor Feuer hüten will, dabei ist ihr Dichten und Trachten, ihr ganzer Wandel ein Bestreben das, ihre Pflicht zu tun und ihm zu gefallen. Seit drei Wochen, daß der Mann krank ist, denkt sie an kein Ausgehen, sogar der Wunsch mich zu sehen, hinderte sie nicht daran. Ich denke, es ist unmöglich, von dieser Beharrlichkeit, Sanftmut und Liebe nicht gerührt zu werden ...«[30] Die Hoffnung auf Genesung des Prinzen schwand bald; zu Weihnachten informierte Luise den Vater über den beunruhigenden Zustand ihres Schwagers, der einige Tage später, am 28. Dezember 1796, seiner Krankheit erlag.

Friederike, achtzehn Jahre alt, war nun Witwe mit drei kleinen Kindern, von denen das jüngste gerade drei Monate alt war. Luise war diejenige, die sie in ihrer Trauer auffing und ihr in ihrem Unglück Beistand leistete. Die ersten Monate des neuen Jahres werden eine schwere Zeit für die junge Frau gewesen sein; ihrem Bruder Georg schrieb sie voller Trauer: »Unterlasse es nicht, für die arme Ika[31] zu beten. Die besten Jahre, worin sie jetzt lebt, wo Mädchen sonst am lustigsten und am tollsten sind, verlebt sie in Schwermut und Traurigkeit«. Ihrer Trauer Ausdruck zu verleihen, wandte sie sich an den Bildhauer Schadow, dessen

Grabmal für den jung verstorbenen illegitimen Sohn des Königs, den Grafen von der Mark, offensichtlich tiefen Eindruck auf sie gemacht hatte. Schadow berichtet dazu: »... der Anblick ihrer drei lieblichen Kinder bewirkten diejenige Stimmung des Gemütes, welche darauf sinnt, den verlornen geliebten Gegenstand nicht nur für sich, sondern auch für die Welt in Andenken zu erhalten. Die Erzeugnisse ihres dichterischen Sinnes legte sie dar in zierlichen und klaren Worten, und konnte ein Zeichner das in Linien fassen, was die hohe Dame diktiert hatte. Von jener Zeichnung, welche vorhanden, ist der Umriß beigefügt. In diesem sieht man den Prinzen schwebend, gleichsam als Geist der Erde sich entwindend, den Scinen den Abschied zuwinkend. Diese, nämlich die Mutter und die drei Kinder, sind betend dargestellt. Denkt man sich die Figur in natürlicher Größe, so würde das Ganze ein stattliches Denkmal«.[32] Am 23. März 1797 erteilte der König den Auftrag zur Ausführung des Denkmals, das seinen Ort im Dom erhalten sollte; der Prinz sollte »in ritterlicher Gestalt als Coadjutor des Johanniter-Ordens« dargestellt werden.[33]

Das Schloß Schönhausen war in der warmen Jahreszeit Wohnstätte der Königin Elisabeth Christine, Gemahlin König Friedrichs II., von 1740 bis zu ihrem Tode 1797. Friederike lebte hier nach dem Tode ihres ersten Mannes Louis. Foto 2003.

Der Schwiegervater, Friedrich Wilhelm II., freundlich und voller Wohlwollen ihr gegenüber, wies Friederike als angemessenen Witwensitz das verwaiste Schloß Niederschönhausen zu, das bis zu ihrem Tod am 16. Januar 1797 die Witwe Friedrichs des Großen, Elisabeth Christine, bewohnt hatte. Anfang Mai erfolgte der Umzug dorthin, und Friederike begann in einer Umgebung, in der sie »nicht ausspioniert«[34] werden, d. h. ohne die Zwänge des Hofes und dessen sozialer Kontrolle leben konnte, ihr Leben nach eigenen Vorstellungen einzurichten. Mitbewohner des Schlosses waren Wilhelm, der Erbprinz von Oranien, und seine Gattin Wilhelmine, Tochter König Friedrich Wilhelms II., und damit ihre Schwägerin, die Friederike freundschaftlich verbunden war und in der sie eine verwandte Seele fand.

Ihre Schönheit, ihre Anmut, ihr Liebreiz – all die Eigenschaften, die ihre Umgebung an ihr schätzte –, machten Friederike anziehend, ihre Jugend und ihre Unerfahrenheit ließen sie jedoch manchmal die Vorsicht vergessen, die die Welt für eine königliche Prinzessin als selbstverständlich voraussetzte. In aller Unschuld empfing sie ihre Gäste in ihrer neuen Umgebung, darunter auch den allseits umschwärmten Prinzen Louis Ferdinand von Preußen, der ihr bereits fünf Jahre zuvor bei ihrem Besuch im Feldlager Eindruck gemacht hatte und dessen jetziges Interesse ihr nicht unlieb war. Offensichtlich war Friederike für den Prinzen nicht nur einer seiner zahlreichen kurzen Flirts, denn er fragte den Kronprinzen nach dessen Meinung, ob der König seine Zustimmung zu einer Ehe mit Friederike geben würde. Friedrich Wilhelm scheint sich aus der ganzen Angelegenheit herausgehalten zu haben; möglicherweise fand er das Verhalten des Prinzen und schon gar das der jungen Witwe nach dem erst kürzlich erfolgten Tod des Gatten unpassend. Louis Ferdinand jedenfalls fuhr täglich hinaus nach Schönhausen und fand freundliche Aufnahme bei der jungen Frau – vielleicht auch mehr, aber das muß Spekulation bleiben.[35]

Der König mag durch seine Tochter Wilhelmine, im Familienkreis »Mimi« genannt, etwas von den Zuständen in Schönhausen erfahren haben, jedenfalls lud er Friederike – möglicherweise, um sie auf andere Gedanken zu bringen, vielleicht aber auch, um die Affäre zwischen ihr und Louis Ferdinand auf freundliche Weise zu beenden – im Sommer 1797 ein, ihn auf seiner Reise nach Bad Pyrmont zu begleiten. Das Trauerjahr war zwar gerade erst zur Hälfte vorüber, doch das war offensichtlich für den lebensfrohen König – der zu jener Zeit allerdings kränkelte und nicht wußte, daß er nur noch kurze Zeit zu leben hatte – kein Hindernis für seine Einladung. Friederike, die zum ersten Mal Gelegenheit sah, ihr Leben nach der schweren Zeit mit einem Partner, der sie nicht nur nicht geliebt, sondern ihr dies auch unverhohlen gesagt hatte, nach ihren eigenen – wirklich noch völlig unreifen – Vorstellungen und Wünschen zu leben, war überglücklich, in hoher Begleitung an einen Ort reisen zu können, welche in jeder Saison Treffpunkt der großen Welt war und Zerstreuung und Abwechslung versprach.[36]

Luise, die ihrerseits einige Zeit später mit ihrem Gatten auf Einladung des Königs nach Pyrmont reiste, hatte gewiß auch von den »neuen« Lebensgewohnheiten ihrer Schwester gehört, möglicherweise auch von den Ambitionen des Prinzen Louis Ferdinand, den sie wegen seiner Leichtlebigkeit nicht gerade sehr schätzte. Ihre tiefe Besorgnis um Friederike und deren weitere Zukunft teilte sie nach einem Gespräch mit der Schwester vor deren Abreise dem vertrauten Bruder Georg mit: »... noch nie ist mir eine Trennung von ihr so schwer gefallen wie diese. Bedenke, ... von welcher Wichtigkeit diese Reise für ihr ganzes zukünftiges Leben sein kann. Sie kommt da in Pyrmont unter den Abschaum von Menschen von ganz Berlin. Wie leicht können sie ihr Fallstricke legen, wieviel Behutsamkeit, sogar Weisheit gehört dazu, es mit keinem zu verderben und mit keinem zu gut zu werden. Wenn ich dieses alles bedenke, so sträubt sich mein Haar, mein Herz klopft schrecklich, und unwillkürlich fallen mir die 19 Jahre meiner Schwester, ihre Unerfahrenheit und ihre zu große Gutmütigkeit ein ... Wenigstens habe ich mir nichts vorzuwerfen, denn ich habe ihr alles gesagt, was ich glaubte ihr nützlich zu sein, und sie sah es zuletzt gottlob ein.«[37]

Friederike mag den ernsthaften Ermahnungen der älteren Schwester wohl zugehört und sogar zugestimmt haben; das hinderte sie allerdings keineswegs daran, den Aufenthalt in Pyrmont mit all seinen Geselligkeiten und Begegnungen in vollen Zügen zu genießen – als »Comtesse de Schwerin« inkognito wie alle zur Saison angereisten hohen Herrschaften. Unter diesen befand sich auch ihr Vater Carl, seit 1794 als Nachfolger seines kinderlos verstorbenen Bruders Adolph Friedrich IV. regierender Herzog in Neustrelitz, und sein jüngerer Bruder Ernst, in englisch-hannoverschen Diensten und Stadtkommandant von Celle. Außerdem traf Friederike zwei ihrer englischen Vettern, die Prinzen August Friedrich und Adolph Friedrich, Söhne des englischen Königs Georg III. und seiner Gemahlin Charlotte, der geborenen Prinzessin

Adolph Friedrich,
Herzog von Cambridge,
Statthalter in Hannover, ihr Verehrer
und späterer Schwager.
Radierung von Ernst Ludwig
Riepenhausen, um 1820

von Mecklenburg-Strelitz und Schwester Herzog Carls, also ihrer Tante. Dem jüngeren der beiden Prinzen schien Friederikes besondere Sympathie zu gelten. Adolph Friedrich, gerade 23 Jahre alt, zeigte sich entzückt und machte ihr unverhohlen den Hof, und Friederike, geschmeichelt, umworben zu sein, ließ ihren ganzen Zauber spielen. Offenbar war der Cousin festen Willens, sie zu ehelichen; ob Friederike bei seinem Werben um sie daran gedacht hat, daß diese Ehe, wäre sie zustandegekommen, für sie die Trennung von ihren Kindern – die als Angehörige der königlich-preußischen Familie in Berlin hätten aufwachsen und erzogen werden müssen – bedeutet hätte, ist nicht zu erkennen. Möglicherweise ist ihr dieser Gedanke, unerfahren und unbedacht wie sie war, nicht einmal aufgekommen in jenen glücklichen Tagen. Schließlich nahm sie Adolph Friedrichs Werbung um ihre Hand an und verlobte sich inoffiziell mit ihm. Prinz Louis Ferdinand, der offensichtlich von Friederikes Umgang und Verhalten in Pyrmont vernommen hatte, erschien seinerseits am Ort des Geschehens, fand jedoch nicht den erwarteten freudigen Empfang bei der von ihm Verehrten; so reiste er nach kurzer Zeit unverrichteter Dinge und offenbar einigermaßen verdrossen über Friederikes Verhalten wieder ab.

Mittlerweile waren auch Luise und der Kronprinz in Pyrmont eingetroffen und taten das Möglichste, um den drohenden Skandal zu verhindern.[38] Luise fand ihre dem Bruder gegenüber geäußerten Besorgnisse bestätigt, und es konnte nur noch darum gehen, die Angelegenheit möglichst ohne größeres Aufsehen zu beenden. Darauf erfolgte die gemeinsame Rückreise nach Berlin.

Am 17. November 1797 starb König Friedrich Wilhelm II., und sein Sohn, der Kronprinz, bestieg den Thron.

Friederike, nunmehr Schwester der Königin, führte ihr Leben in Schönhausen weiter wie früher; allerdings zählte Prinz Louis Ferdinand nicht mehr zu den häufiger gesehenen Gästen ihres Hauses. Dafür hielt sie den Kontakt mit Adolph Friedrich offensichtlich weiterhin aufrecht und zog eine Ehe mit dem englischen Prinzen, der sie aufrichtig liebte, durchaus in Erwägung: Am 28. Januar 1798 teilte sie ihrem Vater, dem Herzog Carl, brieflich mit, sie erwidere die Liebe des Prinzen nicht im selben Maße, bewundere ihn aber und glaube, sie könne glücklich mit ihm werden[39] – befremdliche Gedanken der jungen Frau, die ihrer Umgebung eher leichtsinnig aus Unerfahrenheit erschien. Adolph Friedrich seinerseits suchte bei seinem Vater um die Heiratserlaubnis nach; sie wurde ihm jedoch mit der Bemerkung verweigert, er möge warten, bis der Krieg mit Frankreich beendet sei. Ob dies der wirkliche Grund für die Verweigerung gewesen ist oder ob nicht hinter dem Ganzen die sittenstrenge Königin Charlotte stand, die ihre lebenslustige Mecklen-

Friedrich Wilhelm III.,
König von Preußen.
Stahlstich von Ludwig Meyer jun.
Nach einer Zeichnung von Franz Krüger.
Aus »Deutscher Regentenalmanach auf das Jahr 1825«

burger Nichte »shocking« fand und ihres Sohnes nicht für würdig hielt, steht dahin. Ihr späteres Verhalten Friederike gegenüber wirft jedenfalls ein eigenartiges Licht auf diese frühen Ereignisse. Für Friederike endete damit das – informell gebliebene – Verlöbnis.

Das Jahr 1798 brachte der jungen Frau weiteren Kummer: Am 6. April starb mit zweieinhalb Jahren Carl, ihr jüngerer Sohn, und wieder war es Luise, die ihre Trauer mit ihr teilte und ihr Trost und Hilfe gab; dem Bruder Georg, wie immer Vertrauter in Gutem und Bösem, schrieb die Königin einige Tage nach dem Tod des Neffen: »Wie gut geht es mir nicht in der Welt, und wie verschieden ist das Schicksal gegen der(!) guten Friederike. Verdiene ich es denn mehr als sie? Nein, gewiß nicht; Gott muß es ihr noch einmal in der Welt recht gut gehen lassen; sie verdient gewiß Glück und hat nichts als Kummer. Ihre schönste Jugend geht unter Tränen dahin ...«[40] Kaum hatte sich die trauernde Mutter vom Tod ihres Sohnes erholt – offenbar in Stille und Zurückgezogenheit, jedoch nicht allein –, mußte sie zu ihrem großen Schrecken feststellen, daß sie schwanger war.

Über den Vater des Kindes ist in jener Zeit sowie in der späteren Literatur viel gerätselt worden; allerdings hat dies nie zu mehr als Vermutungen geführt. Diese Frage hätte letztlich wohl nur Friederike beantworten können; zunächst allerdings setzte sie alles daran, ihren Zustand der Familie gegenüber zu verbergen.

Eine zweite Ehe

Stattdessen vertraute sie sich dem Prinzen Friedrich zu Solms-Braunfels an; acht Jahre älter als Friederike, war er zum häufig gesehenen Gast in Schönhausen geworden. Als jüngerer Sohn in preußische Dienste getreten, war er dem König aufgefallen, und der Kronprinz hatte zunächst für seine Anstellung in Ansbach und später für die Versetzung zum Regiment Garde du Corps nach Berlin gesorgt. So mag er sich günstige Voraussetzungen ausgemalt haben, die für seine militärische Karriere aus einer Ehe mit Friederike sich ergeben könnten: König und Königin mußten großes Interesse daran haben, einen sonst unvermeidlichen Skandal zu vermeiden, und er als Retter der Ehre Friederikes würde aus dieser Situation profitieren. Daß die Anmut und Schönheit der jungen Frau ihn anzogen, kam hinzu, und so bat er Friederike um ihre Hand, die sie ihm gewährte – wobei sie offensichtlich Schweigen darüber bewahrte, wer der Vater des von ihr erwarteten Kindes war.

Nachdem diese Angelegenheit »geregelt« zu sein schien, wandte sie sich an die vertraute »Mimi«, die Erbprinzessin der Niederlande, die mit ihr unter einem Dach lebte, weihte sie in ihr Geheimnis ein und bat sie darum, dies der Königin behutsam vorzutragen. Luise nahm die schlimme Botschaft voller Entsetzen zur Kenntnis, und auch der König reagierte mit äußerstem Unwillen – natürlich im Glauben, Solms sei der Vater des Kindes und habe die Situation der Schwägerin schamlos ausgenutzt. Einer Ehe stimmte er nur unter der Bedingung zu, daß das Paar Berlin unverzüglich verließ und nach Ansbach übersiedelte. Friederike mußte auf den Titel einer Prinzessin von Preußen, auf das Wappen der königlichen Familie sowie auf ihren Hofstaat verzichten; am schlimmsten wird sie es empfunden haben, sich von ihren beiden Kindern aus der Ehe mit Prinz Louis trennen zu müssen, die als Angehörige der königlichen Familie in Berlin bleiben mußten und zusammen mit den Kindern des Königspaars erzogen werden sollten. Die Schwester Luise konnte mit ihren ernsthaften Bitten bei ihrem Gatten immerhin erreichen, daß nur der Sohn Fritz in Berlin zu bleiben hatte; die Tochter Friederike sollte bei der Mutter bleiben dürfen, bis sie acht Jahre alt wurde.[41] Den Sohn in der Obhut ihrer Schwester zurücklassen zu können, wird immerhin ein schwacher Trost für Friederike gewesen sein, die in ihrer ausweglosen Situation alle Kraft nötig hatte. Am 10. Dezember 1798 fand die Trauung statt – natürlich im engsten Familienkreis; über Weihnachten und Neujahr blieb man noch zusammen in Berlin, am 10. Januar 1799 reiste das Paar ab nach Ansbach, gewiß nicht zur Freude des Ehemannes, der seine ehrgeizigen Pläne gescheitert sah.

Vor der Abreise hatte es offenbar Gespräche zwischen den beiden Schwestern gegeben, in deren Verlauf Friederike den Namen des Vaters ihres Kinder Luise anvertraut haben wird. Die Königin schrieb nach der Abreise der Schwester am 14. Januar an den Bruder Georg: »Du verzeihst mir gewiß, lieber Freund, daß ich nicht früher schrieb und Dir alles vertraute, was die unglückliche Geschichte anging; allein, urteile, ob es möglich war, wenn ich Dir werde gesagt haben, daß ich diejenige war, die es Papa hat schreiben müssen zu zwei verschiedenen Gelegenheiten, daß ich es habe müssen in Hannover an einen sehr interessierten Teil bekanntmachen, daß aus Schonung für ihn ich an Onkel Ernst geschickt? Damit er es nicht gleich auf einen Schlag erfuhr«[42], und fuhr dann fort: »Mein Trost ist, daß sie den Prinzen Solms über alles liebt, daß sie in ihrer neuen Karriere, wenn sie will, glücklich werden kann. Daß sie ihn liebt, beweist ja wohl die heimliche Verbindung, die sie einging aus Furcht, von ihm getrennt zu werden; wenn sie sich diese erhält, so ist alles gewonnen ...«[43] Jedoch Luises Trost war nicht ohne Zweifel: »Wenn ich mir vorstelle, daß Friederike unglücklich werden könnte, so recht elend und gequält, so kann ich Augenblicke haben, wo ich ganz verzweifelt und trostlos bin«.[44] Gerade in dieser für alle Beteiligten verzweifelten Situation zeigte sich die Liebe und das Vertrauen unter den Geschwistern aufs deutlichste, und ebenso deutlich war Luise, als die Ältere, die sich für die Jüngeren bis an ihre eigenen Grenzen einsetzte, der Mittelpunkt dieser engen Gemeinschaft.

Mit den Folgen dieser Affäre hatte sich mittelbar auch ein gänzlich Außenstehender auseinanderzusetzen. Nicht ohne leise Ironie schrieb Schadow später: »Die Witwe des Prinzen Ludwig von Preussen, Schwester der regierenden Königin, vermählte sich in diesem Jahre 1798 mit dem Prinzen Solms. In den hohen und niederen Ständen war eine Übereinstimmung in der Ansicht dieses Ereignisses, wo die mächtige

Das Residenzschloß Ansbach. Hier wurde Friederike und ihrem Mann eine Wohnung zugeteilt. Foto 2002.

Natur die Skala der Konvenienz unbeachtet gelassen hätte und man jene hohe Stufe nicht ahnte, auf welcher diese hohe Frau nachmals die königliche Krone aufsetzte. – Für unseren Künstler hatte es die Folge, daß drei seiner Werke von dem Könige, seinem Herrn, als Fatalitäten angesehen wurden. Se. Majestät bediente sich nämlich des Ausdrucks: ›Ist mir fatal!‹ « Dies waren das Denkmal des Grafen von der Mark, die Marmorgruppe der beiden Prinzessinnen und das beabsichtigte Denkmal im Dom.[45]

Bei allem Unwillen über das Geschehene sorgte Friedrich Wilhelm III. dafür, daß die Schwester seiner Frau und ihre Kinder aus der Ehe mit seinem Bruder versorgt waren. Friederike erhielt einc Pension in Höhe von 22 500 Talern pro Jahr, »in Unseren Ländern, aber außerhalb Berlins zu verzehren«, die ihr in den folgenden Jahren zur wichtigen Grundlage ihrer und ihrer Kinder Existenz werden sollte. Für die spätere Ausbildung der beiden Kinder von Prinz Louis sowie für die aus der neuen Ehe zu erwartenden Kinder legte er ohne Wissen der Mutter eine Summe Geld langfristig an.[46]

Das Leben in Ansbach, der kleinen ehemaligen Residenz in Franken, gestaltete sich für die von der Zentrale Berlin, deren Lebendigkeit und von dem dortigen Hofleben verwöhnte Friederike, nunmehr Prinzessin Solms und Offiziersgattin, nicht übermäßig attraktiv. Im März 1799 wurde das Kind geboren, das Anlaß zu der Ehe, in den Vorstellungen der Berliner Öffentlichkeit einer Mesalliance, gewesen war, eine Tochter, die nur wenige Monate lebte. Prinz Solms, enttäuscht und verbittert über den Ausgang der Angelegenheit, den er sich völlig anders gedacht hatte, führte wieder sein vorheriges Leben als Offizier und begann damit, den Ärger über seinen »Mißerfolg« im Alkohol zu ertränken. Auch in ihrer zweiten Ehe sollte die noch junge – und zärtlichkeitsbedürftige – Frau nicht viel Glück erleben.

Innerhalb der engeren Familie scheint sich der erste Schock rasch behoben zu haben: Bereits im Juni 1799 traf man sich bei Charlotte, der ältesten Schwester, in Hildburghausen. Herzog Carl kam mit den Söhnen Georg und Carl und brachte seine Schwiegermutter, die mittlerweile siebzigjährige Prinzessin George mit, die noch immer der Mittelpunkt der Familie war. Die Schwester Therese kam aus Regensburg, Friederike reiste aus dem nicht allzu weit entfernten Ansbach an, und am 2. Juni erschien Luise, die ihren Gemahl zunächst nach Westfalen hatte begleiten müssen. Dieser blieb dem Familientreffen fern – offensichtlich

Friederikes wegen. In Berlin wurde die Begegnung der Königin mit ihrer jüngeren Schwester mit Unwillen zur Kenntnis genommen – die Gesellschaft blieb nachtragend.

Nach der Heimkehr nach Ansbach nahm für Friederike das ruhige Leben an der Seite des unzufriedenen Ehemannes seinen Fortgang; am 30. Dezember 1801 wurde den Eheleuten der erste Sohn geboren, der nach dem königlichen Schwager den Namen Friedrich Wilhelm erhielt. Friederike war viel allein, ganz bezogen auf das Haus und die Kinder; so mag ihr ihre Lage wieder reichlich Anlaß gegeben haben, über ihre »besten Jahre« zu klagen, die sie »in Schwermut und Trauer« zubringen mußte.

Im Sommer 1803 erst sahen sich die Schwestern wieder; Luise war von Hildburghausen aus, wo sie ihre Schwestern Charlotte und Therese getroffen hatte, weitergefahren nach Fürth, um dort Friederike allein zu treffen. Beide Frauen waren einigermaßen überwältigt, als sie sich nach vier Jahren wieder gegenüberstanden, sie, die in früherer Zeit in engster Verbindung miteinander gestanden und sozusagen »Tür an Tür« gewohnt hatten. Luise berichtete dem Bruder Georg nach ihrer Heimkehr von der Reise: »In Fürth fand ich Friederike. Diese Zusammenkunft war beinahe mehr schmerzlich wie erfreulich. Ich glaube, wir empfanden in dem Augenblick des Wiedersehens und der ersten Umarmung den ganzen Umfang des Unglücks, voneinander getrennt zu sein, denn sie weinte so heftig, daß sie sich nicht erholen konnte, und ich, als sie mich aus ihren Armen losließ, war fast ohnmächtig. Ich fand sie so gut und hübsch als möglich. In der fünften Woche ihrer Wochen war sie zwar noch matt, doch sehr stark. Aber die schöne Haut noch nicht wieder en beau.« Offensichtlich gab es ein langes und offenes Gespräch zwischen den Schwestern; in ihrem Brief an den Bruder fuhr Luise fort: »Die Geschichte mit P. S.[47] ist wahr, sehr wahr. F., mit tränenden Augen, hat sie mir gesagt. Ach, lieber George, da war es trübe! Die Geschichte hab' ich nicht erwähnt, da sie mir als Geheimnis anvertraut wurde. Doch hat sie Reflektion hervorgebracht bei F. von Aufopferung ehemaliger Größe etc. –, die mich in meinem Inneren durchbebten – wegen der Folgen. Ich habe meine Pflicht erfüllt, wo man Freundin sein will, muß man es beweisen ... Ich sprach mit Kraft, ich tadelte, warnte, machte aufmerksam und sagte dabei die Wahrheit, nämlich daß der Ruf gesunken sei und daß es an ihr und ihrem Betragen sei. Ich betrübte, doch ich stärkte; nun war ich so freundlich, so nachsichtig, so warm. Denn die

Unglücklichen darf man nie verlassen.«[48] Friederike hatte das Treffen mit der Schwester zur Gelegenheit genommen, sich über ihre Lage zu beklagen, im Wunsch, sich – wie früher – bei ihr auszuweinen; Luise ihrerseits versuchte – wie früher –, ihr zu helfen, allerdings mit spürbarer Distanz, die sicher nicht nur in der langen Zeit der Trennung ihren Grund hatte.

Wohl auch in der angegriffenen Verfassung nach einer weiteren, gerade überstandenen Geburt[49] sah Friederike sehr deutlich ihre traurige und dabei aussichtslose Situation, in welche ihre Gutmütigkeit und Unerfahrenheit sie gebracht hatte: Sie erkannte klar, daß sie sich zutiefst geirrt hatte in dem Mann, dem sie ihr Vertrauen und ihre Zuneigung geschenkt hatte, und diese Erkenntnis vertiefte sich zusätzlich durch das ihr aufgezwungene Leben in der kleinen Stadt. Ihr fehlte all das, was sie früher in Berlin durch ihr Leben am Hof an Abwechslung und Anregung genossen hatte. In Ansbach blieben ihr die Häuslichkeit und ihre Kinder, für die sie lebte; und sie war viel allein, da ihr Ehemann es vorzog, mit seinen Kameraden zu feiern oder bei seinem Bruder in Braunfels[50] zur Jagd zu gehen. 1804 wurde die Tochter Auguste Luise geboren: Ein Jahr später quittierte Solms den Militärdienst »aus gesundheitlichen Gründen«; damit verlor er seine Einkünfte, und Friederike mußte den Unterhalt ihrer Familie aus ihren eigenen Mitteln bestreiten, der Jahresrente, die sie weiterhin von ihrem Schwager, dem König, empfing.

Im März 1806 erhielt sie eine Einladung nach Berlin zur Feier des 30. Geburtstages der Schwester Luise und blieb dort einige Zeit; so war sie anwesend und konnte Trost spenden, als am 1. April der kleine Ferdinand, Sohn des Königspaars, starb. Bedingt durch die politische Entwicklung – das französische Heer hatte den Rhein überschritten und befand sich auf dem Vormarsch nach Osten – wurde die Situation für das bis dahin neutral gebliebene Preußen prekär und spitzte sich allmählich zu.

Friederike scheint von diesen Vorgängen einigermaßen unberührt geblieben zu sein; jedenfalls reiste sie von Berlin aus mit Solms nach Karlsbad, wo dieser Abhilfe für seine gesundheitlichen Probleme zu finden hoffte. Die Reise war für die enttäuschte Frau ein Lichtblick in der Langeweile ihres alltäglichen Einerlei; sie genoß den Rahmen der »großen Welt«, die sich dort – wie in jedem Sommer seit Jahren – traf, und hatte überdies die Freude, Goethe zu begegnen, der sie offensichtlich mit all der Courtoisie, die er hochgestellten Damen entgegenzubringen pflegte, für sich einzunehmen wußte – aber wohl auch seinerseits Gefallen an der immer noch jungen Frau fand, an deren »himmlische Erscheinung« damals im Feldlager er sich wohl erinnern mochte. Es begann hier eine Bekanntschaft, die in späteren Jahren immer wieder zu Begegnungen und brieflichen Kontakten führen sollte.

Zeugnis einer dieser Begegnungen sind die beiden vierzeiligen Strophen, die Goethe in die »Gedichte, Ausgabe letzter Hand« unter der Bezeichnung »Inschriften, Denk- und Sendeblätter« als Nr. 91 aufnahm:

Den 15. August 1815

Wohlerleuchtet, glühend-milde
Zog der Fluß im Abendschein,
Über Brück- und Stadtgebilde
Finsternisse sanken ein.

Den 16. August

Doch am Morgen ward es klar,
Neu beganns umher zu grünen
Nach der Nacht, wo jenes Paar
Sternengleich uns angeschienen.

Der Dichter befand sich zu jener Zeit auf einer Reise in Frankfurt und kommentierte die beiden Gedichte in den Anmerkungen zur Ausgabe letzter Hand: »Zu bemerken ist bei Nummer einundneunzig, daß Herzog und Herzogin von Cumberland, Hoheiten, in der Nacht zum 16. August die Einsiedler am Flusse unverhofft besuchten.«

Im übrigen gemahnte das Treiben in dem böhmischen Badeort geradezu an einen Tanz auf dem Vulkan – zur gleichen Zeit überzog Napoleon Preußen und Österreich mit Krieg und drang weit nach Osten vor, und ebenfalls zur gleichen Zeit legte in Wien Kaiser Franz II. die Krone des »Heiligen Römischen Reiches deutscher Nation« nieder, nachdem er vorher den Titel »Kaiser von Österreich« angenommen hatte.

Von Karlsbad aus kehrten Friederike und ihr Gemahl nach Berlin zurück und blieben vorerst dort, während König und Königin, dem fortgeschrittenen Krieg folgend, ins Hauptquartier der preußischen Armee nach Naumburg reisten. Die verlorene Schlacht bei Jena und Auerstedt am 14. Oktober ließ Preußen in ärgste Bedrängnis geraten, und die

Königin reiste auf dem schnellsten Weg zurück nach Berlin zu ihren Kindern, mit denen sie sich am 18. auf die Flucht nach Osten begab. Friederike und ihre Kinder wurden gebeten, sie zu begleiten; ebenso schlossen sich die Prinzessinnen Wilhelmine, Marianne und Luise Radziwill den Fliehenden an. Zunächst führte die Reise nach Schwedt an der Oder und weiter nach Stettin; bald darauf, nach dem Einmarsch der Franzosen in Berlin am 27. Oktober und der darauf folgenden Kapitulation des preußischen Heeres, floh die Familie unter schwierigsten Umständen und bei winterlichen Temperaturen nach Ostpreußen.

Im November erreichte man schließlich Königsberg, wo man in verschiedenen Häusern Zuflucht fand. Friederike war wieder schwanger, und am 12. März 1807 wurde der zweite Sohn aus ihrer Ehe mit Solms, Alexander, geboren. Luise berichtete dem Bruder Georg von dem bei aller Schwere der Zeit doch erfreulichen Ereignis.[51] Zu dieser Zeit war auch Solms bei seiner Familie, allerdings in schlechtem gesundheitlichen Zustand: »Solms ist immer noch ziemlich leidend, obgleich man es ihm nicht ansieht; er ist dick, fett und rot«, berichtete die Königin ihrem Gemahl.[52] In dieser für alle schweren Lage fanden die beiden Schwestern offenbar wieder zueinander, wie man den Worten entnehmen kann, die Luise an ihre Schwägerin Marianne, die Gattin des Prinzen Wilhelm von Preußen, schrieb: »Nach unserer langen Trennung, wo wir so viel füreinander fürchteten, uns jetzt wieder heiterer zu sehen, ist freilich ein großer Gewinn. Solms ist recht krank. Denk' Dir, Marianne, sein Kopf leidet wirklich manchmal! Wie Friederike leidet und ich mit ihr, begreifst Du edle Seele gewiß. Doch ich bin ihr Trost. Ich helfe nicht nur tragen, sondern ich tröste, ich heitere auf, ich zerstreue das arme, gebeugte Weib nach Kräften, und der zärtlichen Freundin gelingt es besser als allen Büchern der Welt.«[53] Die ältere Schwester hat wieder zu ihrer früheren Aufgabe zurückgefunden, der Jüngeren zu helfen, mit ihrem Leben fertigzuwerden.

Der Gesundheitszustand des Prinzen Solms verschlimmerte sich zusehends; dem König schrieb seine Gemahlin am 27. April 1807: »Meine Schwester, die Dir zu Füßen ist, hat mir einen traurigen Auftrag gegeben, nämlich über den Gesundheitszustand ihres Gatten zu reden. Es ist nicht zu leugnen, daß der arme Fürst Solms in der traurigsten Verfassung ist, die man sich denken kann. Andauernde Krämpfe lassen ihm Tag und Nacht keine Ruhe, und was das Schlimmste ist: Wenn die Krämpfe nicht in den Händen sind, ziehen sie sich nach dem Kopfe, der

Neustrelitz aus der Vogelschau. Lithographie von Wilhelm Riefstahl, um 1830 …

Kopf verwirrt sich dann etwas und wird mehr oder weniger angegriffen. Düstere Melancholie, Tränen und Geschrei sind die Folge, und oft kann er sogar nicht sprechen. Häufig glaubt man, daß er sterben wird, alles Blut steigt ihm in den Kopf, er leidet unter derartigen Beklemmungen, daß (man) mehrere Male glaubte, er werde wahnsinnig werden.
Die Ärzte haben beschlossen, daß er ein Bad benutzen soll, das einzige Mittel, ihn wiederherzustellen.«[54] Das Krankheitsbild, das der Schilderung in Luises Brief zu entnehmen ist, deutet entweder auf Epilepsie oder extrem erhöhten Blutdruck hin. Solms folgte den Anweisungen der Ärzte und begab sich wieder nach Karlsbad, wohin ihm Friederike im Juli folgte; ihre Kinder blieben in der Obhut der Schwester in Königsberg zurück. Friederike und Solms siedelten bald von Karlsbad nach Teplitz über, das in diesem Jahr in Mode gekommen war, und man genoß wieder einmal das Flair der großen Welt. Friederike war einmal mehr charmant und immer noch schöner Mittelpunkt eines geselligen Kreises, in dem sie auflebte und ein wenig Abstand bekam von dem, was ihren Alltag bestimmte und wohl auch davon, was die Zeit be-

... und heute: Blick vom 1831 errichteten Turm der Stadtkirche.

schwerte – die starke Position, die Napoleon in dieser Zeit in Europa gewonnen hatte.

Sein Herrschaftsbereich in Deutschland reichte im Norden bis an die Elbe; im mittleren Deutschland schuf er nach dem Frieden von Tilsit im Juli 1807 aus den von Preußen abgetretenen Gebieten links der Elbe sowie aus Teilen des Kurfürstentums Hannover, Kurhessens und des Herzogtums Braunschweig das Königreich Westphalen, zu dessen König er seinen jüngsten Bruder, Jerôme, bestimmte und das dem unter dem Protektorat Napoleons stehenden Rheinbund beitreten mußte. Auch Herzog Carl von Mecklenburg-Strelitz wurde trotz seiner Neutralität genötigt, dem Rheinbund beizutreten, blieb dadurch jedoch trotz seiner engen verwandtschaftlichen Verbindung zu Preußen unbehelligt. Preußen war an einem Tiefpunkt seiner Geschichte angelangt; der König regierte die ihm verbliebenen Reste seines Königreiches von Königsberg aus, wo auch seine Frau und seine Familie blieben. Auch Friederike war meist in Königsberg bei ihrer Schwester.

Der Gesundheitszustand des Prinzen Solms scheint sich in der folgen-

Unter der Regentschaft des Großherzogs von Mecklenburg-Strelitz, Adolf Friedrich (1904–1914), wurde das barocke Schloß umgebaut und vergrößert; es erhielt einen neuen Turm nach dem Vorbild des Schlosses Charlottenburg. Nach der Abschaffung der Monarchie (1918) und der Gründung des Freistaates Mecklenburg-Strelitz (1919) fanden das Landesmuseum, die Landesbibliothek, das Landeshauptarchiv sowie der Landtag im Schloß eine zeitweilige Bleibe. 1936 zog eine Sportschule der SA ein. Ende April 1945 brannte das Gebäude auf Grund von Brandstiftung völlig aus. Die Ruine wurde 1949/50 abgetragen.
Postkarte, um 1914.

Eine Attrappe aus Baugerüsten und Stoffbahnen markiert den Standort des ehemaligen Residenzschlosses auf dem Schloßberg. Foto 2002.

den Zeit gebessert zu haben; 1809 entschloß er sich, seinen Dienst in der preußischen Armee wieder aufzunehmen und wurde vom König am 10. März zum Regimentskommandeur in Breslau ernannt. Luise, die Königin, versuchte, diese Wendung der Dinge im Sinne ihrer Schwester zu nutzen, und bat den König, dieser zu gestatten, ihren Wohnsitz wieder in Berlin zu nehmen. Damit stieß sie allerdings bei ihrem Gemahl auf entschiedenen Widerstand[55]; Friedrich Wilhelm III. stellte der Familie stattdessen das Schloß in Breslau als Wohnung zur Verfügung. Die ganze Planung scheiterte im November desselben Jahres: Solms nahm endgültig seinen Abschied, woraufhin der zutiefst verärgerte König ihn in aller Öffentlichkeit brüskierte.

Damit war die Hoffnung Friederikes, je wieder in das geliebte Berlin zurückkehren zu können, einigermaßen aussichtslos geworden, auch wenn das Königspaar im Dezember 1809 nach Berlin zurückkehrte. Ihr Vater stellte, nachdem das Zerwürfnis zwischen dem König und Solms bekanntgeworden war, seiner Tochter und ihrer Familie eine Wohnung im Residenzschloß in Neustrelitz zur Verfügung, und in den ersten Tagen des Jahres 1810 trafen sie dort ein. Friederike war froh, wieder in der Nähe ihres Vaters und der Großmutter zu sein, die dieser zu sich nach Neustrelitz geholt hatte; ihr Gatte dagegen fiel schon am ersten Abend unangenehm auf, als er im Beisein der Hofgesellschaft unüberhörbar die Frage stellte: »So soll ich alle Tage leben, alle Tage meines Lebens?«[56] In der Folge sorgte er durch sein arrogantes und ungeschliffenes Auftreten, vor allem aber durch seine offenkundige Wendung und die Parteinahme für Napoleon, aus der er kein Hehl machte, dafür, daß er bei seinem Schwiegervater den denkbar schlechtesten Eindruck hinterließ. So war es kein Wunder, daß dieser sich Friederike gegenüber äußerte, sie solle sich scheiden lassen. Trotz der klaren Einsicht in ihre unglückliche Situation lehnte sie jedoch das Ansinnen ab – wohl auch, weil ihr die Aussicht, als geschiedene Frau mit zwei Kindern dazustehen, nicht allzu verlockend erschien.

Alle diese Probleme wurden durch ein Ereignis im Sommer 1810 überschattet, das die gesamte Familie traf: Beim Besuch ihres Vaters in dessen Sommerschloß Hohenzieritz starb nach kurzer Krankheit Luise, die preußische Königin. Friederike zählte zu denen, die am Lager der Sterbenden bis zu deren letztem Atemzug verharrten. Der Tod der Schwester, die bis zuletzt wohl der Mensch war, der ihr am nächsten stand, und die sich um das Wohl der Jüngeren sorgte und ihr immer

Schloßpark Neustrelitz mit dem Hebe-Tempel im Hintergrund. Foto 2002.

wieder und in allem Hilfe zu leisten suchte, muß Friederike in eine Art Erstarrung versetzt haben: Sie behielt Haltung, wie man es von ihr erwartete, und erst später im Jahr bei einem Aufenthalt in Teplitz erfolgte ein schwerer Zusammenbruch. Erst nach langer Zeit war sie in der Lage, sich zum Tod der geliebten Schwester zu äußern: »Sie, die geliebteste, die Gefährtin meiner Jugend und meiner Kindertage sterben zu sehen! Dies erwartete ich nicht von der Vaterhand dort oben, nichts Schrecklicheres hätte mir widerfahren können ... Von meiner Trauer, von meinem Schmerz kann ich Ihnen weiter nichts sagen, als daß ich beinah daran gestorben bin ... Sie war mir das Liebste und Beste auf der Welt, und nichts kann mich wundern, als daß ich nicht wirklich gestorben bin. Sie glauben nicht, ... wie ernst mir mein Leben geworden ist und wie dunkel es vor mir liegt, jetzt, da ich weiß, daß sie mir auf diesem Kreise nicht mehr begegnen wird.«[57]

Schloß Hohenzieritz – die Sommerresidenz der Herzöge von Mecklenburg-Strelitz, nördlich von Neustrelitz gelegen. Im Sterbezimmer der Königin Luise und zwei Vorräumen ist eine Luisen-Gedenkstätte zu besichtigen. Im Schloß hat die Verwaltung des Naturparkes Müritz seinen Sitz. Foto 2002

Luises Tod bedeutete für die jüngere Schwester mehr als nur den persönlichen Verlust der Älteren; daneben verlor sie den vom König allenfalls widerwillig gebilligten Kontakt zum Kreis um die Königin und damit zum Hof in Berlin. In den folgenden Jahren widmete sie sich fast ausschließlich der Erziehung ihrer Kinder; als dritter Sohn aus der Ehe mit Solms wurde am 27. Juli 1812 in Neustrelitz Friedrich Wilhelm Karl geboren. Der Vater der Kinder, Prinz Solms, war häufig abwesend, kurte in Böhmen oder hielt sich zur Jagd bei seinem Bruder Wilhelm Christian Carl in Hessen auf. Auch diesem war deutlich, wie unglücklich die Ehe für seine Schwägerin war, und er riet ihr zur Scheidung, der er nichts entgegensetzen werde. Wie ihr Vater erhielt der wohlmeinende Schwager negative Antwort von Friederike. Sie verbrachte ihre Zeit überwiegend in Neustrelitz bei ihrem Vater und den Kindern, zurückgezogen in die Traurigkeit und Aussichtslosigkeit ihrer Lage, in die sie durch ihre Unerfahrenheit und Gutmütigkeit geraten war. Im April 1813 reiste Solms ein weiteres Mal zur Kur nach Teplitz, dieses Mal ohne seine Frau und die Kinder, die in Neustrelitz zurückblieben. Einige Wochen später ereignete sich das, was dazu führen sollte, daß sich Friederikes Geschick wendete.

Die dritte Ehe

Am 20. Mai 1813 kam Ernst August, 1771 als vierter Sohn des Königs von England, Georg III., und seiner Gemahlin Charlotte, der geborenen Prinzessin von Mecklenburg-Strelitz, geboren und älterer Bruder von Friederikes früherem Verehrer Adolph Friedrich, seit 1799 Herzog von Cumberland, nach Neustrelitz, um seinem Onkel Carl einen Besuch abzustatten. In England wegen seiner erzkonservativen politischen Haltung äußerst unbeliebt, hatte er versucht, in den Wirren der Zeit der napoleonischen Kriege auf dem Kontinent Boden zu gewinnen, wohl in der leisen Hoffnung, im Kurfürstentum Hannover in Vertretung seines Vaters als Statthalter eine angemessene Position erhalten zu können. Diese Pläne scheiterten an der Entschlossenheit des für Hannover an der Deutschen Kanzlei in London wirkenden Ministers Herbert Graf zu Münster, der seine eigenen politischen Absichten beim englischen König, der zugleich Kurfürst von Hannover war, durchzusetzen verstand.

Ernst August war offenbar bei der ersten Begegnung bereits bezaubert von seiner Cousine; 33 Jahre später erinnerte er sich und Friederike in einem Brief an das, was ihm geschah: »Es ist mir so frisch in Erinnerung, wie wenn es gestern gewesen wäre. Ich sehe Dich oben auf der Treppe, die alte Großmama und die Damen ... ich kann wahrlich sagen, daß dies der schönste und glücklichste Tag meines Lebens war.«[58] Friederike blieb dem Vetter gegenüber zunächst zurückhaltend, konnte sich jedoch auf Dauer der Hartnäckigkeit ihres Verehrers nicht widersetzen und verbrachte in den drei Wochen seiner Anwesenheit in Neustrelitz viel Zeit mit ihm zusammen. Es ist anzunehmen, daß Ernst August, als er sich seiner Gefühle immer sicherer zu werden begann, darüber mit seinem Onkel gesprochen und ihn möglicherweise auch gebeten hat, sich für ihn bei Friederike einzusetzen. Herzog Carl jedenfalls ließ seine Tochter unmißverständlich wissen, daß ihm ihre Scheidung von Solms durchaus recht sei und daß er eine Ehe mit dem englischen Prinzen sehr gern für sie sähe.

Die nächsten Monate, die der Herzog von Cumberland im Hauptquartier der Alliierten in Böhmen verbrachte, gaben Friederike Zeit, die Absichten ihres Vetters und die möglichen Auswirkungen auf ihre eigene Situation in Ruhe zu überdenken. Als dieser nach dem Sieg der Alliierten über die »Grande Armée« Napoleons in der sogenannten »Völkerschlacht« bei Leipzig für drei Tage nach Neustrelitz kam, scheint die Begrüßung sehr erfreulich gewesen zu sein, und einige Zeit später wandte sich Friederike an den König von Preußen mit der Bitte um Genehmigung, ihrer unglücklichen Ehe mit Solms durch Scheidung ein Ende zu machen. Friedrich Wilhelm antwortete unverzüglich positiv, und auch ihr Schwager Solms-Braunfels stimmte der Scheidung ohne Zögern zu – zu guter Letzt auch der unmittelbar betroffene Gatte, der wohl eingesehen hatte, daß für seine Ehe keine Hoffnung mehr bestand. Daraufhin schrieb Friederike in dieser Angelegenheit auch an ihre Tante in England, die Mutter Ernst Augusts, welche sich ihrem Bruder Carl gegenüber einigermaßen unbeteiligt und neutral äußerte: »Meine Nichte hat mich soeben von ihrer Ehescheidung unterrichtet. Gott gebe, daß sie ihre Seelenruhe und die Wiederherstellung ihrer Gesundheit wieder erlangt.«[59] Offensichtlich war der Königin nichts von den begleitenden Umständen der Scheidung bekannt geworden, sonst wäre, wie später zu sehen, ihre Reaktion wohl anders ausgefallen.

Ernst August verfolgte mittlerweile seine Bemühungen um die ersehnte Statthalterschaft in Hannover auf seine höchst persönliche Weise: Mit Hilfe des Grafen von Wallmoden, Sohn eines illegitimen Sohnes seines Großvaters und damit sein Vetter, welcher der unter dem Kommando des mittlerweile zum schwedischen Kronprinzen avancierten ehemaligen französischen Marschalls Bernadotte stehenden Nordarmee der Alliierten angehörte, inszenierte er – ohne den Minister Graf zu Münster in London oder das Parlament zu informieren, geschweige denn, um Genehmigung zu bitten – in einer Art Staatsstreich eine »Befreiung« der Landeshauptstadt Hannover »im Namen des Königs«, die in London auf starke Irritation stieß – selbst bei seinem ihm einigermaßen zugetanen Bruder, dem Prinzregenten. Die erneute Bitte Ernst Augusts, ihm die Statthalterschaft im Kurfürstentum Hannover zu übertragen, wurde ihm nicht nur abgeschlagen, sondern er wurde durch die Berufung seines jüngeren Bruders Adolph Friedrich auf diesen Posten bewußt und in brüskierender Weise übergangen.

Damit war der Aufenthalt des Herzogs im Kurfürstentum unmöglich geworden, und auch in London bestand für ihn wenig Aussicht auf ein Leben, das ihm mehr Wirkungsmöglichkeiten hätte bieten können als seinen angestammten Platz im Oberhaus. Er entschloß sich, nach Berlin zu übersiedeln, wo er das Palais der Herzogin von Kurland Unter den Linden mietete: So konnte er in der Nähe der geliebten Frau leben, ohne zu nahe und damit Anlaß zum Gerede in der Öffentlichkeit zu sein.

Der plötzliche Tod des Prinzen Solms durch einen Schlaganfall beendete am 13. April 1814 die prekäre Lage seiner angebeteten »Ike«, denn nun konnte sie nach außen hin als Witwe auftreten, und es haftete nicht der Makel der geschiedenen Frau an ihr, zumal das Wissen um die Scheidung nicht über den engsten Familienkreis hinaus bekanntgeworden war.

Am 23. Juni 1814 – einigermaßen rasch nach Solms' Tod – schrieb daraufhin Ernst August seinen offiziellen Werbebrief an Friederike, die sich zusammen mit ihrem Vater in Karlsbad von den überstandenen Aufregungen erholte: »... Du kannst nicht zweifeln, teure und geliebte Cousine, daß das Glück so oft in Deiner Gesellschaft verweilen zu dürfen, die Achtung und die Freundschaft, die ich immer für Dich empfunden habe, noch vermehrt hat. Seit der Zeit, da ich Dich als frei betrachten durfte, haben sich aber diese Achtung und Freundschaft in ein zärtlicheres Gefühl verwandelt. Erlaube mir daher, liebe Cousine, Dir meine Hand anzutragen, was ich mit um so größerer Zuversicht zu tun wage, als wir schon über ein Jahr miteinander bekannt sind und Du daher meinen Charakter und meine Denkungsart genügend kennen solltest. Wenn ich mit diesem Schritt Erfolg haben sollte und Du meinen Antrag annähmest, kann ich nur sagen, daß ich der glücklichste aller Menschen wäre und immer danach streben würde, Dich glücklich zu machen ... Aus Anstand würde ich nicht gewagt haben, Dir so bald hiervon zu sprechen, und würde es auch jetzt nicht wagen, müßte ich nicht Deine Antwort unbedingt sofort meinem Bruder schicken, damit dieser dem Parlament davon Mitteilung macht, dem die Regelung der Formalien zusteht ... Daher beschwöre ich Dich, mir möglichst bald eine Antwort zu senden. Du weißt, die Entscheidung liegt bei Dir. Ich habe dem Prinzregenten bereits meine Absicht mitgeteilt, und wie ich Dir versichern kann, wird er Dich mit großer Freude als Schwägerin aufnehmen ... Deine Antwort, liebe Cousine, wird über mein Schicksal entscheiden, denn entweder werde ich der glücklichste oder der unglücklichste Mensch. Ich habe den Prinzregenten gebeten, meiner Mutter hiervon Mitteilung zu machen. In dem Augenblick, da Du dieses Schreiben erhältst, kannst Du sofort Deinen Vater davon unterrichten, und dann habe um Himmelswillen die Güte, den König[60] sofort um seine Zustimmung zu bitten, damit keine Zeit verloren geht, denn jede Stunde ist kostbar. Erlaube mir, Dir noch einmal zu sagen, daß Deine Antwort mich entweder zum glücklichsten oder unglücklichsten aller Menschen machen wird ...«[61] Die Worte des Werbenden, immerhin die eines Einundvierzigjährigen, zeigen die Ernsthaftigkeit und die Tiefe seines Gefühls, und die Zukunft sollte zeigen, daß seine Worte nicht nur für den Moment galten; bis zum Ende der gemeinsamen Jahre ist Ernst August – so viel Negatives man über ihn weiß – als Ehemann der geblieben, der seiner »Ike« in Zärtlichkeit und Fürsorge ergeben war.

Friedrich Wilhelm in Berlin war offenbar sehr erfreut über die Nachricht, die er von seiner Schwägerin erhielt; er soll sogar zu Tränen gerührt gewesen sein, wie Ernst August seinem Bruder nach London stolz berichtete.[62] Nach seinem Willen sollte Friederike als preußische Prinzessin heiraten – damit machte er das rückgängig, was er fünfzehn Jahre zuvor angesichts der skandalösen Vorfälle und der daraus sich notwendigerweise ergebenden Mesalliance der Prinzessin verhängt hatte. Friederike wurde nun in die angenehme Lage versetzt, ihre Ehe mit dem königlich-englischen Prinzen in adäquater Position eingehen zu können. Am 15. August 1814 erfolgte die förmliche Zustimmung des Prinzregenten zur Eheschließung[63], und so konnte am 26. des Monats offiziell die Verlobung bekanntgegeben werden.

Alles schien sich nun zum Besten zu fügen, doch zwei Tage nach der Verlobung, zu der die englische Königin, Tante und zukünftige Schwiegermutter Friederikes, vorher bereits gratuliert und »ihre herzlichsten und aufrichtigsten Wünsche« übermittelt hatte, sah Friederike mit leiser Melancholie auf das, was ihr bevorstehen würde: »Gott sei gedankt! Die formelle Erlaubnis ist aus London eingetroffen und all die zahlreichen Schwierigkeiten, die wir so oft gefürchtet hatten, sind vorbei ... Aber wenn man sich auch noch so glücklich fühlt, ist es doch unmöglich, daß man nicht den Eindruck und den Nachklang all dessen empfände, was man schon erfahren hat, und so ist natürlich mein Glück, mein Gefühl nicht so unbefangen wie das eines jungen Menschen, der das Leben noch vor sich hat«, schrieb sie an die vertraute Freundin Frau v. Berg[64], und aus ihren Worten spürt man die Besorgtheit und die verhaltene Trauer um die Vergangenheit, die sie bis an ihr Lebensende begleiten sollte – unerachtet des Glücks, das ihr aus der Verbindung mit dem nicht eben als einfach geltenden Mann erwachsen sollte.

Der Herzog von Cumberland galt in der Gesellschaft als unangenehm, er neigte zu Ironie und Sarkasmus und nahm für sich in Anspruch, seine Meinung möglichst klar und ungeschminkt zu äußern, und zwar nicht nur zu irgendwelchen Vorgängen, seien sie politischer oder privater Natur, sondern auch seinem potentiellen Gesprächspartner gegenüber. So eckte er häufig an bei denjenigen, die den »bon ton« der Gesellschaft pflegten und sich über seine »rüpelhaften« Äußerungen mokierten. Daß er solche Töne Friederike gegenüber nicht anschlug, ist aus dem Brief deutlich geworden, in dem er um ihre Liebe warb, und daß er seine Gattin zärtlich und liebevoll betrachtete und behandelte, zeigte sich in den gemeinsamen Jahren der Ehe.

Friederike hatte mit ihrer Skepsis nicht unrecht, das zeigte sich bald: Die Zustimmung des englischen Parlaments zur Eheschließung des königlichen Prinzen ließ auf sich warten; bevor diese nicht vorlag, sah sich ihr Vater außerstande, einen Ehevertrag für seine Tochter zu schließen, der nicht nur ihre, sondern auch die Versorgung ihrer Kinder aus der Ehe mit Solms garantierte. Die Versicherung des Herzogs, er werde als der Gatte der Mutter selbstverständlich auch der Vater ihrer Kinder sein[65], zeigte zwar seine ehrenwerte Haltung, genügte Herzog Carl aber nicht als Grundlage für den notwendigen Vertrag.

So reiste er im November des Jahres zusammen mit Friederike nach Wien, wo »der Kongreß tanzte«, um dort, auf neutralem Boden und sozusagen »zufällig« Friedrich Wilhelm III. zu treffen. Dieser erklärte sich zu beider großer Erleichterung gern bereit, die seinerzeit der Schwägerin zugesagte Pension weiterhin zu zahlen, so lange, bis Ernst August die ihm bei der Eheschließung zustehende Erhöhung seiner Apanage durch das englische Parlament bewilligt werde. Außerdem berichtete der König von dem Geld, welches er seinerzeit im Interesse der Zukunft der aus der Ehe seiner Schwägerin mit Solms zu erwartenden Kinder angelegt habe, und überschrieb es Friederike, die nun darüber zugunsten der Kinder verfügen sollte.

Endlich war es soweit: Am 29. Mai 1815 heiratete Ernst August seine Braut in der Stadtkirche zu Neustrelitz, die zu diesem Anlaß reich geschmückt wurde. Für die kleine Residenz war dies ein Freudenfest nach den ernsten Jahren der Unruhe und des Krieges in Europa. Einige Tage später begab sich das Ehepaar nach Berlin, wo man für die nächsten

Jahre sich niederzulassen gedachte. Der Empfang bei Hof war überaus herzlich – Friederike war nun wieder »standesgemäß« verheiratet und dadurch für die königliche Familie akzeptabel geworden.

Kurz darauf reiste Ernst August nach England; Friederike, die nicht gern allein in Berlin bleiben wollte, kehrte zu ihrem Vater nach Neustrelitz zurück. Der Herzog fuhr in der Meinung ab, in England alles so vorzufinden, daß seinem Glück mit Friederike nichts im Wege stehe; in Dover, das er am 15. Juni erreichte, fand er jedoch einen Brief seiner Mutter vor, in welchem sie ihm mitteilte, sie sehe sich außerstande, seine Ehefrau bei Hof zu empfangen, dem stehe deren – nunmehr 18 Jahre zurückliegende – aufgelöste Verlobung mit seinem Bruder Adolph Friedrich entgegen. Offensichtlich hatten politische Kreise im Bereich der liberalen Opposition die damalige Geschichte mit Freude aufgegriffen, um dem unbeliebten Herzog eins auszuwischen, und die ans Bigotte grenzende Moralität der Königin – die ja zunächst völlig anders reagiert hatte – sich zunutzegemacht. Ernst August traf dies wie ein Donnerschlag; er

Neustrelitz: In der Stadtkirche (erbaut 1768–78) heirateten Friederike und Ernst August am 29. Mai 1815.

reiste sofort – und höchstwahrscheinlich sehr erbost – zurück nach Deutschland und arrangierte unverzüglich ein Treffen mit seinem mittlerweile in Hannover als Gouverneur residierenden Bruder zusammen mit Friederike, die aus Neustrelitz anreiste. Bei dieser Gelegenheit scheint es zu einer offenen Aussprache zwischen den Brüdern gekommen zu sein – wie Friederike die Situation empfand, kann man nur ahnen. Jedenfalls begleitete sie ihren Gatten auf der anschließenden Reise nach England; beide waren offensichtlich voller Hoffnung, damit sei alles Widrige ein für allemal erledigt.

Dies allerdings war nicht der Fall, wie sich rasch herausstellte. Der Prinzregent empfing das Paar, als sie am 27. August in London ankamen, in Carlton House, seinem Wohnsitz, zwar äußerst freundlich und lud die beiden ein, zunächst unter seinem Dach Wohnung zu nehmen, doch blieb ihnen St. James' Palace, Residenz des regierungsunfähigen Königs Georg III. und der Königin Charlotte, verschlossen: Die Königin weigerte sich, wie angekündigt, die Ehefrau ihres Sohnes in ihren Räumen zu empfangen; dadurch wiederum sah Ernst August sich außerstande, persönlich bei seiner Mutter vorstellig zu werden und um Änderung in ihrer Meinung und in ihrem Verhalten nachzusuchen – er hielt zu seiner Friederike!

Auf die Königin und ihre Haltung in der Sache berief sich auch das Parlament, das den Antrag des Prinzregenten auf Erhöhung der Apanage des Herzogs von Cumberland – welche diesem als königlichem Prinzen im Falle einer Eheschließung zustand und was in England gewöhnlich ohne große Probleme geschah – mit einer Stimme Mehrheit scheitern ließ. Die Liberalen sahen hier die günstige Gelegenheit, den erzkonservativen Ernst August seine früheren politischen Aktionen wie seine häufig verletzenden Bemerkungen über politische Gegner entgelten zu lassen. Ungeachtet dieser unerfreulichen und für das Paar verletzenden Ereignisse richtete der Prinzregent am 29. August 1815 die Hochzeit nach anglikanischem Ritus – wichtig für die Gültigkeit der Ehe des englischen Prinzen in seinem Heimatland – in Carlton House aus und behandelte seine Schwägerin mit außerordentlicher Zuvorkommenheit und Freundlichkeit.

Im September siedelten die Cumberlands nach Kew über, wo sie das Haus bezogen, in welchem Ernst August seine Kindheit verlebt hatte. Das Leben war dort weniger kostspielig als in London, und man lebte außerordentlich zurückgezogen, nicht nur aus wirtschaftlichen Gründen, sondern auch, weil das Verhalten der Königin in der Öffentlichkeit Kreise gezogen hatte und dadurch die Position von Ernst August und Friederike innerhalb der Gesellschaft sich als äußerst prekär herausstellte. Auch in Deutschland wußte man von dem Verhalten der Königin ihrer Schwiegertochter gegenüber, und Carl, seit dem Wiener Kongreß Großherzog und »Königliche Hoheit«, äußerte sich sehr verärgert über seine Schwester. Auch König Friedrich Wilhelm III. in Berlin reagierte mit Unwillen, der preußische Gesandte in London erhielt Weisung, Empfänge zu vermeiden, bei denen die Königin anwesend sei[66]. Versuche des Herzogs, seine Mutter zu einer Unterredung zu bewegen, blieben erfolglos, so fand Friederike sich wieder einmal in eine unglückliche Lage versetzt. Ihr war klar, daß sie gerade in dieser Zeit der Intrigen und der politischen Schachzüge gegen ihren Mann an dessen Seite gehörte, andererseits hatte sie starkes Heimweh und sehnte sich nach ihren Kindern, die sie in Neustrelitz beim Großvater hatte zurücklassen müssen.

Ihr zurückhaltendes Auftreten und ihr untadeliges persönliches Verhalten in diesen schwierigen Zeiten führten zwar dazu, daß sie von Seiten der Öffentlichkeit nach einer gewissen Zeit mit größerer Freundlichkeit betrachtet und aufgenommen wurde, doch blieb die Situation für das Herzogspaar im ganzen unerfreulich, um so mehr, als auch der Prinzregent, selbst den Liberalen nahestehend, seinen konservativen Bruder zunehmend als Belastung für seine eigene Position empfand. Zu Beginn des Jahres 1816 schlug er diesem schließlich vor, auf den Kontinent zurückzukehren und in Hannover, seit 1814 Königreich, seinen Wohnsitz zu nehmen. Die Landeshauptstadt kam dafür nicht in Frage, da dort ja sein Bruder Adolph Friedrich als Gouverneur residierte, aber wohl auch deswegen nicht, weil der mächtige Minister Graf zu Münster sich entschieden dagegen aussprach. So bot man dem Paar als Wohnsitz das Schloß in Osnabrück an, war auch bereit, finanzielle Mittel für einen Umzug dorthin sowie für ein jährliches Einkommen in Höhe von 12 000 Talern aus den Mitteln der hannoverschen Krone bereitzustellen.[67]

Friederike wäre glücklich gewesen, wäre es zu dieser Lösung gekommen; voller froher Erwartung wandte sie sich brieflich am 7. Juli 1816 an ihren Vater: »Man sagt sogar, daß der Herzog Vizekönig würde, das ist einerlei! Aber dahin! dahin! Das ist mein Wunsch, dann käme ich doch zu Ihnen und sähe meine lieben Kinder und so viele Lieben wieder.«[68] Glücklich war sie auch, weil sie wieder ein Kind erwartete –

das erste in der Ehe mit Ernst August –, und sie hoffte, wie dieser sicherlich auch, auf einen Erben. Die Ambition des Herzogs, die Funktion des Vizekönigs in Hannover zu erreichen, muß wohl auch außerhalb der engeren Familie zu erkennen gewesen sein: Graf Münster setzte jedenfalls alle Hebel in Bewegung, um dies zu verhindern: Adolph Friedrich, versicherte er dem Prinzregenten, der zunächst etwas gezögert habe, die Stellung des Gouverneurs in Hannover anzunehmen, nehme diese Aufgabe in untadeliger Weise und offenbar auch sehr gern wahr. Ohne offiziellen Auftrag und ohne entsprechende Stellung war der Herzog seinerseits nicht gewillt, England gegen Hannover als Wohnsitz einzutauschen – so blieb alles weiterhin in der Schwebe.

Für die Herzogin brachte das Jahr 1816 mit dem Tod des Vaters, des Großherzogs Carl von Mecklenburg-Strelitz, am 6. November tiefe Trauer und großen Schmerz; ihre ohnehin nicht gerade robuste seelische und körperliche Verfassung war offenbar durch die fortgeschrittene Schwangerschaft angegriffen und weniger widerstandsfähig, so kam es am 27. Januar 1817 zur Geburt einer Tochter, die tot zur Welt kam – Grund vermehrter Trauer für die Eltern.

In der Politik scheint es in der Folge einen Stimmungswechsel gegeben haben: Das Parlament bewilligte der Herzogin – bei weiterer Ablehnung, Ernst August die Apanage zu erhöhen – für den Fall von dessen Tod eine Witwenrente zu ihrer Versorgung. Daraufhin entschloß sich das Paar zur Übersiedlung nach Berlin, wo man sich – wie man sehen wird, zu Recht – angenehmere Lebensumstände erhoffte, und es verließ am 17. Juli 1818 England. Nach drei Jahren voller Intrigen, Auseinandersetzungen und Demütigungen kam Friederike endlich wieder zurück in ihr geliebtes Berlin, wo sie Freunde und Verwandte wiederfand und wo sie endlich wieder mit den Kindern zusammenleben konnte.

Ernst August mietete zunächst das Haus Unter den Linden 4, das Redernsche Palais; nahe am Brandenburger Tor gelegen, gehörte es durchaus zu den »guten Adressen« der preußischen Hauptstadt, und binnen kurzer Zeit wurden die Cumberlands freundlich aufgenommen, vor allem von der königlichen Familie, was von der »Gesellschaft« mit Aufmerksamkeit beobachtet wurde. Friederike fand endlich wieder Gelegenheit, begünstigt durch ihren Charme und Liebreiz, der ihr auch als nun nicht mehr ganz junger Frau und unerachtet der überstandenen Schwierigkeiten geblieben war (und den sie bis zum Ende ihres Leben nicht verlieren würde), die Stellung in der Gesellschaft einzunehmen, die sie schätzte. Zusammen mit ihrem Gatten führte sie ein Haus, das bald zu einem der Mittelpunkte des gesellschaftlichen Lebens in der Hauptstadt wurde. Nicht nur der Hof und der Adel zählten zu ihren Gästen; die in Preußen und speziell in Berlin übliche und geschätzte Toleranz und Großzügigkeit der Cumberlands führte rasch dazu, daß auch Literaten, Musiker, Künstler und Gelehrte sich unter den Freunden des Hauses fanden. Bei Hof waren sie ihrerseits gern gesehene Gäste.[69] Friederike war glücklich, sie fühlte sich wieder in ihrem Element. Übermäßig gut gestellt, was die Finanzen angeht, war das Herzogspaar zwar immer noch nicht, aber in Berlin lebte es sich wesentlich weniger kostspielig als in England und besonders in London. Friederike kam wieder in den Genuß der Pension, die ihr der König ausgesetzt hatte[70], so war es ihr und ihrem Gemahl möglich, ein immerhin nicht so glanzloses Leben zu führen, wie das die Notwendigkeit in ihrer Zeit in Kew gefordert hatte.

Im April 1818 heiratete ihre älteste Tochter aus der ersten Ehe, Friederike, den Herzog Leopold Friedrich von Anhalt-Dessau, der im Jahr zuvor als Nachfolger seines Großvaters die Regierung angetreten hatte.[71] Einige Monate später war die Mutter – immerhin schon vierzig Jahre alt – wieder schwanger und schenkte am 27. Mai 1819 dem ersehnten Erben das Leben. Der Sohn erhielt den Namen Georg nach seinem Onkel, dem Prinzregenten in London.[72] Der preußische König Friedrich Wilhelm III. gehörte zu den Paten des Kindes, neben ihm auch seine beiden ältesten Söhne, der Kronprinz Friedrich Wilhelm[73] und Prinz Wilhelm[74]. Die gesamte königliche Familie nahm an der Taufe teil und vermittelte Friederike damit die Gewissheit, »wieder dazuzugehören«. Der König schätzte im übrigen den Herzog von Cumberland außerordentlich, der aus seiner konservativen Haltung kein Hehl machte und sich Friedrich Wilhelm gegenüber äußerst loyal, ja ehrerbietig verhielt. Mit der Verleihung des Kommandos über das von Friedrich dem Großen aufgestellte Leibhusarenregiment, die nach ihrem langjährigen und ruhmreichen Kommandeur genannten »Zieten-Husaren«, erwies der König Ernst August eine Ehre, die dieser wohl zu schätzen wußte.

Nach der Geburt des Prinzen Georg bezog die Familie ein neues Domizil: Von der Hofdame und vertrauten Freundin Friederikes, Frau v. Berg[75], wurde das Haus Unter den Linden 2 an der Ecke zur Wilhelmstraße gemietet, welches der Familie bis zur Übersiedlung nach Hannover als Wohnsitz diente.[76] 1825 bot der König den Cumberlands das Schloß Schönhausen als Sommerwohnung an, und in den folgenden Jahren verbrachten Ernst August und Friederike mit den Kindern die Sommermonate dort – für Friederike war es ein Wiedersehen mit einem Ort, der gewiß nicht die angenehmsten Erinnerungen für sie bereithielt, doch die nun recht behagliche Lebensweise in Berlin mit der Nähe zum Hof und den vielen Gelegenheiten für ungezwungene Geselligkeit, die Reisen, welche sie wieder in die böhmischen Badeorte führten und die für das Ehepaar den Kontakt mit Goethe zur Folge hatten, all dies vermittelte ihr das reiche Lebensgefühl, nach welchem sie sich – man möchte sagen: ein Leben lang – gesehnt hatte.

Ungetrübt blieb auch diese Zeit nicht: Einigermaßen fassungslos erfuhr sie 1824 von ihrem Bruder Georg[77], den der König um Vermittlung gebeten hatte, von dessen Plänen, die junge Gräfin Auguste Harrach »zur linken Hand« zu heiraten und sie zur Fürstin von Liegnitz zu erheben. Eine andere Frau an der Stelle der geliebten Schwester zur Seite des Schwagers zu sehen, schien ihr schlicht unvorstellbar, und es bedurfte einiger geduldiger Bemühungen ihrer Umgebung – einschließlich des Königs, der ihr seine Gründe mit größter Behutsamkeit nahezubringen versuchte, was ihm schließlich auch gelang –, bis sie sich ins Unvermeidliche fügte, wie sie es durch ihr eigenes Leben mit seinen Höhen und Tiefen als herbe Lektion sich hatte aneignen müssen.

Ernsthaftere Sorge bereitete ihr die allmählich immer deutlicher sich abzeichnende Sehschwäche ihres Gatten, die sich auch durch eine mit viel Hoffnung begonnene Staroperation nicht gänzlich beheben ließ, vor allem aber die schmerzliche Tatsache, daß ihr kleiner Sohn Georg in der Folge einer Krankheit auf dem linken Auge erblindet war.

Dennoch führte die Familie ein ruhiges und harmonisches Leben in Berlin, und es mochte so aussehen, als fände Friederike endlich die Erfüllung dessen, wonach sie sich gesehnt hatte: Ihre Ehe mit Ernst August war glücklich, er fühlte sich neben ihr als »der glücklichste Mensch«, wie er es in seiner Werbung um sie in Aussicht gestellt hatte, und ihre gesellschaftliche Stellung in Berlin entsprach ihren Vorstellungen und Wünschen. Das Haus Cumberland Unter den Linden 2 war eine »Adresse« für die Berliner Gesellschaft, auch wenn der Herzog immer noch hin und wieder durch seinen Sarkasmus, der häufig an Grobheit grenzte, seinen schlechten Ruf befestigen zu wollen schien. Häufig war Ernst August auf Reisen; zusammen mit Friederike reiste er 1821 nach Hannover, als sein älterer Bruder nun als König Georg IV. seine Stammlande besuchte. Mehrfach hielt er sich auch allein in Hannover auf und wurde von den Einwohnern der Stadt nicht ungern gesehen. Seine Reisen führten ihn regelmäßig auch nach England; als Angehöriger des Oberhauses hatte er an dessen Sitzungen teilzunehmen, um seinen Sitz nicht zu verlieren. 1828 nahm er den Sohn Georg mit dorthin, für den vom Parlament ebenfalls eine Apanage zu bewilligen war. Die Entscheidung fiel positiv aus, allerdings mit der Bedingung, daß der Prinz als Mitglied der königlichen Familie seine Erziehung in England zu erhalten habe.[78] Im Jahr darauf bat der Herzog Friederike, zu ihm und dem Sohn zu kommen, da er erkannt hatte, daß sein Aufenthalt in England von längerer Dauer sein würde: »Ach, wie brennt mir das Herz, wenn ich mich gedenke, daß in drei Wochen hoffentlich ich werde meine teuerste, meine beste Ike an mein Herz drücken können«, schrieb er in seiner etwas eigenwilligen Grammatik – die eindeutig englisch geprägt war – in der Vorfreude auf ihre Ankunft am 10. Juli 1829[79] an seine Gattin, die »mit tausend Tränen«[80] auf die Reise ging, voller Trauer, ihre Freunde und die Familie in Berlin verlassen zu müssen, um in das Land zurückzukehren, das sich für sie mit so bitteren Erinnerungen verband.

Allein, ihre düsteren Erwartungen bewahrheiteten sich nicht. Die Königin, ihre Tante und ungnädige Schwiegermutter, war bereits 1818 verstorben, und nach dem Tod des seit langen Jahren regierungsunfähigen Königs Georg III. hatte 1820 der Prinzregent als König Georg IV. die Nachfolge des Vaters angetreten. Er schätzte seine Schwägerin nach wie vor, doch konnte sich Friederike dessen nicht lange erfreuen; im Jahr nach ihrer Ankunft in England starb der König. Da seine einzige Tochter bereits 1817 verstorben war, ohne Erben zu hinterlassen, wurde sein Nachfolger der nächstjüngere Bruder, der Herzog von Clarence, als William IV. letzter König von Großbritannien und Hannover in Personalunion.

Für Ernst August und seine Familie war diese Tatsache von höchster Bedeutung: Sein Bruder William war zwar der Vater einer ganzen Anzahl von Kindern, allerdings nicht aus der Ehe mit seiner ihm angetrauten Gattin Adelheid, einer geborenen Prinzessin von Sachsen-Meiningen, sondern aus einer vor- und über lange Zeit außerehelichen Beziehung mit einer bürgerlichen Frau. So stand bereits bei seiner Thronbesteigung fest, daß ihm in Großbritannien die Tochter seines nächstjüngeren Bruders, des 1820 verstorbenen Herzogs von Kent, Prinzessin Victoria, folgen würde. In Hannover dagegen, wo das alte salische Erbrecht galt, war weibliche Erbfolge ausgeschlossen.[81] Aus dieser Situation ergab sich, daß der nächste Anwärter auf den hannoverschen Thron Ernst August war.

Dies blieb nicht ohne Folgen: Friederike wurde endlich offiziell in die königliche Familie aufgenommen, und der Sohn und potentielle Thronfolger in Hannover, Georg, besuchte eine Schule in England; daneben erhielt er allerdings im Haus seiner Eltern Unterricht von deutschen Lehrern. Der politische Einfluß der konservativen Kräfte hatte während der Regierungszeit des den Liberalen zuneigenden Königs Georg IV. stark abgenommen, so fand Ernst August sich in der Opposition wieder. Seine politische Wirkungsmöglichkeit war dadurch eher eingeschränkt, und er galt bei seinen politischen Gegnern offensichtlich nicht mehr als allzu gefährlich. Im Jahre 1831 wurde ihm und seiner Familie durch Parlamentsbeschluß das Haus in Kew übereignet, in dem er seine Jugend verlebt und mit Friederike zusammen die schwierigen Jahre unmittelbar nach ihrer Hochzeit verbracht hatte; er konnte nun seiner »Ike« und seinem Sohn ein eigenes Haus in England bieten, das ihm selbst durch die Erinnerungen an eine glückliche Kindheit lieb und wertvoll war – für Friederike mag das anders ausgesehen haben ...

So hätte für die Familie das Leben in England einigermaßen entspannt und behaglich verlaufen können, wäre nicht dem Sohn Georg ein schreckliches Mißgeschick unterlaufen. Es geschah am 11. September 1832 im Garten in Kew: Der dreizehnjährige Prinz spielte mit seinem Geldbeutel, der nach der Mode der Zeit bestickt und mit dicken Quasten besetzt war; er schleuderte ihn durch die Luft und traf mit einer der schweren Quasten sein rechtes Auge, das dadurch getroffen und stark verletzt wurde. Die verzweifelten Eltern – der Sohn war auf dem linken Auge ja bereits seit Jahren blind – versuchten alles, was in ihrer Macht stand, holten den Rat aller möglichen Ärzte ein und ließen den Prinzen alle erdenklichen Heilmittel und Kuren versuchen, doch war rasch zu erkennen, daß die allmähliche Erblindung auch des rechten Auges nicht aufzuhalten war. Schließlich entschlossen sich Friederike und ihr Gatte, nach Deutschland – das hieß, nach Berlin – zurückzukehren, wo Ernst August seine eigene Sehschwäche durch Dr. Gräfe, damals eine Kapazität als Augenarzt, hatte behandeln lassen. Von Gräfe erhofften sie sich Hilfe für ihren Sohn.[82]

Im Oktober 1833 traten sie die Reise nach Berlin an, und Friederike blieb in der Folge mit dem Prinzen auf Dauer in Berlin, da dessen nicht aufzuhaltende Erblindung den Besuch einer Schule – sei es in England oder Deutschland – unmöglich machte. So wurde Georg von Hauslehrern in Berlin unterrichtet.

Ernst August hatte weiterhin zu den Sitzungen des Parlaments in England zu erscheinen, anderenfalls hätte er seinen Sitz im Oberhaus verloren und damit die einzige Möglichkeit, seine politischen Vorstellungen zumindest artikulieren, wenn auch nicht durchsetzen zu können. So verbrachte er in den folgenden Jahren gewöhnlich die Zeit von Januar bis August oder September getrennt von Frau und Sohn in London, was ihm in keiner Weise behagte und was er in seinen Briefen an Friederike immer wieder beklagte: »Je weiter ich mich von Dir entferne, desto wehmütiger werde ich«, schrieb er am 11. Januar 1836 und einige Tage später: »Ich nahm mich so gut zusammen wie es ging, als ich Dich so traurig und trostlos sah, aber als ich unser Haus verlassen hatte, konnte ich meine Tränen nicht mehr zurückhalten ... es ist zu grausam, so von Frau und Kind getrennt zu sein.«[83]

Zur gleichen Zeit kam es im Königreich Hannover zu einer politischen Entwicklung, welche sich für Ernst August als potentiellen Nachfolger des regierenden Königs als gänzlich indiskutabel darstellte: Dort wurde nach der Revolution in Paris 1830 und den darauffolgenden Ereignissen in Göttingen und Braunschweig ein Jahr später im Einvernehmen mit König Wilhelm IV. der reaktionäre Minister Herbert Graf zu Münster entlassen. In der Folge wurde am 26. September 1833 das von dem liberalen Historiker Friedrich Christoph Dahlmann, Professor an der Göttinger Universität, stark geprägte Staatsgrundgesetz erlassen, die von den Untertanen seit der Zeit des Wiener Kongresses 1814/15 sehnlichst erwartete Verfassung. Diese brachte den bis dahin von den politisch wirksamen Gremien ausgeschlossenen Bürgern und Bauern den Zugang zur Zweiten Kammer der Ständeversammlung, dazu die – wenn auch eingeschränkte – Verantwortlichkeit der Minister gegenüber den Ständen und nicht mehr allein dem König gegenüber und vereinigte die ständischen Finanzen mit den bis dahin davon strikt getrennten königlichen zu einer einheitlichen Staatskasse, welche der Haushaltsbefugnis der Ständeversammlung unterstellt wurde.[84] Ein derartiger Eingriff in die königlichen Rechte ließen sich mit den ganz dem »ancien régime« verhafteten Auffassungen Ernst Augusts in keiner Weise vereinbaren, zudem war er zutiefst erbost darüber, daß der König diesen Maßnahmen zugestimmt hatte, ohne ihn, den Anwärter auf den hannoverschen Thron,

KGR. DÄNEMARK
Kopenhagen
Hzm. Schleswig
Nordsee
Helgoland (Engl.)
Hzm. Holstein
GHZM. MECKLENBURG-SCHWERIN
Hamburg
KGR. ENGLAND
GHZM. OLDENBURG
KGR. HANNOVER
Bremen
Elbe
Weser
Ems
KGR. DER NIEDERLANDE
Amsterdam
Haag
Rotterdam
Hannover
Braunschweig
HZM. BRAUNSCHWEIG
Magdeburg
Prov. Sachsen
L.-D.
S.-L.
Westfalen
Jülich-Kleve-Berg
Elberfeld
Düsseldorf
Köln
Rhein
Antwerpen
Gent
Brüssel
Schelde
Maas
Göttingen
HZM. ANHALT
Kassel
KURFSM. HESSEN
Eisenach
THÜRINGISCHE STAATEN
Leipzig
KGR. SACHSEN
HZM. NASSAU
HESSEN
Frankfurt
Darmstadt
GHZM. LUXEMBURG
Niederrhein
Mosel
Main
GHZM. HESSEN
Reims
Marne
Paris
Seine
KGR. FRANKREICH
Hambach
Pfalz
GHZM. BADEN
Karlsruhe
Strasbourg
Stuttgart
Neckar
KGR. WÜRTTEMBERG
FSM. HOHENZOLLERN
Nürnberg
KGR. BAYERN
Donau
Isar
Inn
München
Lech
Salzburg
Tirol
Saône
Bern
SCHWEIZ
Rhône
4
8
12
52
48

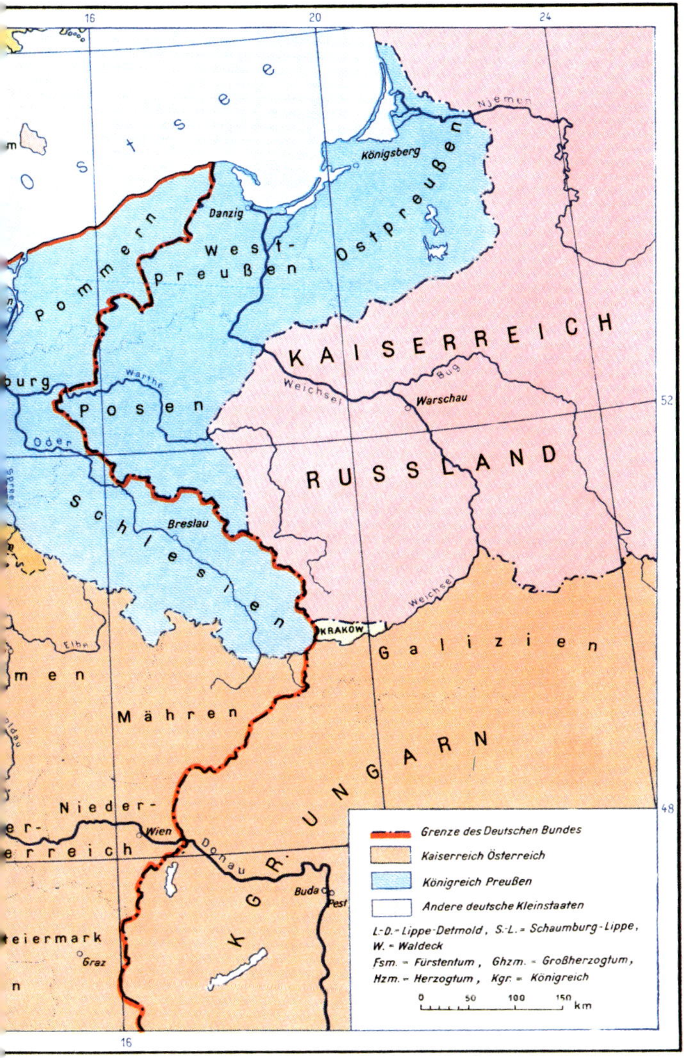

Die deutschen Länder nach dem Wiener Kongreß von 1815

auch nur zu informieren, geschweige denn als Ratgeber zu hören. Zusätzlichen Einfluß auf die tiefe Verstimmung des Herzogs mag durchaus auch die Rangerhöhung seines Bruders in Hannover, des Herzogs von Cambridge, Adolph Friedrich, gehabt haben: Dieser führte seit 1831, bis dahin Gouverneur, den offiziellen Titel »Vizekönig«; das dürfte Ernst August, dessen diesbezügliche Ambitionen immer wieder zurückgewiesen worden waren, in seinem Stolz tief getroffen haben. Seinen Protest richtete er förmlich am 28. Oktober 1833 an den König, ohne jedoch mit seinen Argumenten Gehör zu finden. Das Königreich Hannover gehörte nunmehr zu den Territorien im Deutschen Bund, die eine ständische Verfassung hatten.

Das Leben der herzoglichen Familie verlief ungeachtet der Ereignisse in der hohen Politik in der Folgezeit in ruhigen Bahnen, wenn auch nicht ohne die Unbequemlichkeit, zeitweilig getrennt voneinander leben zu müssen. Friederike blieb mit dem blinden Sohn in Berlin und verzichtete gewiß nicht ungern darauf, ihren Gatten auf seinen alljährlichen Reisen nach England zu begleiten; sie freute sich, im Kreis ihrer Verwandten und Kinder leben zu können. Das ruhige Leben kam ihr auch deshalb entgegen, weil ihre Gesundheit ihr Anlaß zur Sorge gab; Probleme bereitete ihr vor allem der Magen, und sie bedurfte der Schonung und war nicht mehr so belastbar wie in früherer Zeit. Zum Herbst, wenn der Herzog aus London nach Berlin zurückkehrte, begann im Haus Unter den Linden wieder das gesellige Leben, und Friederike und Ernst August mit ihrer weiterhin gepflegten Ungezwungenheit im persönlichen Umgang blieben gern besuchte Gastgeber für die Berliner Gesellschaft. Der Kontakt mit der königlichen Familie wurde von beiden Seiten gepflegt, und der König schätzte den Umgang mit seiner ehemaligen Schwägerin und deren Gemahl außerordentlich. Friederike ihrerseits wird es gewiß als sehr angenehm empfunden haben, 1836 dem König berichten zu können, daß ihr vom englischen Parlament eine eigene Apanage bewilligt worden sei; sie, der vor Zeiten der Titel einer preußischen Prinzessin aberkannt worden war, war nun die Gattin des Anwärters auf den hannoverschen Thron.

In den Jahren seit 1833 war der Herzog immer wieder nach Hannover gereist, hatte dort seinen Bruder, den Vizekönig, besucht und nicht ohne Bedenklichkeit gesehen, welches Ansehen dieser und seine Gattin Auguste, eine geborene Prinzessin von Hessen-Kassel, bei der Bevölkerung in der Hauptstadt, aber auch in weiten Kreisen im gesamten Königreich gewonnen hatten – nicht zuletzt dadurch, daß Adolph Friedrich das von Wilhelm IV. erlassene Staatsgrundgesetz achtete und damit zu dessen Ausführung beitrug. Doch erfuhr auch er freundliche Aufnahme, wenn er sich in der Landeshauptstadt in der Öffentlichkeit zeigte.

Nach der Feier des 59. Geburtstags von Friederike am 2. März 1837, der im Kreis der Familie in Berlin begangen wurde, reiste Ernst August wieder nach London, während Frau und Sohn – wie üblich – in Berlin zurückblieben. Der Herzog war äußerst unzufrieden mit der Politik der Konservativen in England, die ihm nicht konsequent genug zu sein schien – seine Radikalität in dieser Hinsicht hatte keineswegs nachgelassen, auch wenn er seiner engeren Umgebung öfter den Eindruck vermittelte zu resignieren. Möglicherweise war dieses Verhalten im Zusammenhang mit seiner zu erwartenden – und von ihm wohl auch sehnlichst und voller Ambition erwarteten – Stellung in Hannover zu sehen: König Wilhelm IV. erkrankte im Mai des Jahres schwer und verstarb am 20. Juni 1837.

Königin von Hannover

Ernst August war mit diesem Tag König von Hannover geworden. Nicht ohne zuvor seiner Nichte Victoria, die nun mit achtzehn Jahren die Nachfolge in England antrat, seinen Treueeid als Geheimer Rat und als Herzog mit Sitz im Oberhaus zu leisten und damit seine Position als ihr Untertan im Vereinigten Königreich eindeutig zu dokumentieren, reiste der nunmehrige König am 24. Juni 1837 mit dem Dampfer »Comet« der königlich-englischen Marine von Woolwich aus über die Niederlande nach Hannover: Am Tag zuvor hatte er Friederike brieflich seine Empfindungen zu seiner neuen Stellung mitgeteilt: »Die Last der Verantwortung, die nun auf meinen Schultern liegt, gibt mir viel zu denken, und ich bitte den Allmächtigen jeden Tag, mich in meinem neuen Amt zu lenken und zu leiten, damit ich mich einigermaßen nützlich erweisen kann – alles dies macht mich verzagt, mais que faire?«[85] »Einigermaßen nützlich erweisen«, das gemahnt an das Wort Friedrichs des Großen vom König als »erstem Diener des Staates«, und so mag Ernst August – unerachtet seiner erzkonservativen Einstellung mit den bald sich abzeichnenden Folgen – seine Aufgabe wirklich gesehen haben. Friederike wird in diesen Worten auch das gefunden haben, was zwischen den

Oben: Hannover – Leinstraße mit der Schloßfassade von Georg Ludwig Laves. Links am Bildrand das Alte Palais, Wohnung des Königspaares. Lithographie von Georg Osterwald. Unten: Westfassade des Leineschlosses mit dem auf Anregung der Königin errichteten Wintergarten.

Zeilen für sie zu erkennen sein sollte: Ihr Gatte brauchte sie an seiner Seite.

Sie zögerte nicht, diesen Bitten zu folgen, und verließ – nun ihrerseits als Königin – zusammen mit dem Kronprinzen Berlin, und sie konnte sicher sein, daß nicht sie allein es war, die Freude und Stolz erfüllte: Die ganze Familie und der Berliner Hof, vor allem ihr Schwager, der König, alle dürften sich mit ihr und für sie gefreut haben, daß sie, liebenswürdig wie eh und je, nach all den schweren Zeiten nun einen Platz im Leben gefunden hatte, der ihren Wünschen und Vorstellungen nicht nur entsprach, sondern diese sogar noch übertraf. Friederike aber war mittlerweile erfahren und klug genug, um sich nicht nur zu freuen, sondern auch die Probleme zu ahnen oder gar zu sehen, die für ihren Gemahl und damit auch für sie aus der Situation des Neuanfangs in Hannover entstehen könnten. Da war des Herzogs von Cambridge Ansehen und Beliebtheit im Königreich, da war die mittlerweile nicht mehr zu verhehlende Blindheit ihres Sohnes, des Kronprinzen, und da war ihr schwieriger, oft negativ beurteilter Ehemann, der König, mittlerweile 66 Jahre alt und überdies unerbittlicher Gegner des im Königreich seit 1833 geltenden Staatsgrundgesetzes – die Reise von Berlin nach Hannover dürfte die Königin möglicherweise voller Stolz, aber keineswegs ohne bange Erwartungen angetreten haben.

Zunächst jedoch mußte der Berliner Haushalt aufgelöst werden, so verließ sie Berlin erst am 12. Juli 1837. In Schladen, an der Grenze zwischen dem Herzogtum Braunschweig und dem Königreich Hannover, empfing Ernst August seine Königin und den Kronprinzen. Die Weiterreise nach Hannover wurde von der freundlichen Anteilnahme der Bevölkerung begleitet – offensichtlich war man froh, den regierenden König und dessen Familie wieder im Land zu wissen. Am 15. Juli empfingen die Bewohner der Landeshauptstadt ihre königliche Familie mit großem Jubel, und bereits am Abend des Tages gab es im Schloß Herrenhausen, dem Sommerschloß der hannoverschen Herzöge und Kurfürsten seit dem 17. Jahrhundert und nunmehr des Königs, einen feierlichen Empfang für die Hofbeamten und die Honoratioren der Residenzstadt – erste repräsentative Pflicht und Aufgabe für das Königspaar, der beide sich gern und durchaus zum Beifall der Gäste unterzogen. Bis zum 2. August verweilte die königliche Familie in Herrenhausen, um dann – nach einer Pause von etlichen Jahren – wieder einmal zur Kur nach Karlsbad zu reisen. Dort traf man sich u. a. mit dem Fürsten Metternich,

Ernst August, König von Hannover. Lithographie von Friedrich Oldermann nach einem Gemälde von Carl Oesterley, 1846.

den der König bezüglich seines Verhaltens gegenüber dem von ihm abgelehnten Staatsgrundgesetz konsultierte. Metternich riet ihm zu Verhandlungen mit den Ständen – kluger Politiker, der er war. Bis zum Anfang des September genossen Friederike und Ernst August Karlsbad und die Unbeschwertheit des Urlaubs im mondänen Bad, dann kehrten sie nach Hannover zurück, wo sie am 8. September eintrafen.

Als Wohnsitz hatte sich das Königspaar das Alte Palais in der Leinstraße erwählt, das Haus, in dem vor 59 Jahren Friederike geboren worden war – ihr Geburtszimmer war nun das Schlafzimmer der Königin. Das gegenüber auf der anderen Straßenseite gelegene Leineschloß, seit 1636 Stadtresidenz der Welfen in Hannover, hatte in den Jahren

Friederike, Königin von Hannover. Lithographie von Fr. Jentzen nach einer Zeichnung von C. L'Allemand, um 1840.

seit 1830 durch grundlegende Um- und Ausbauarbeiten nach den Plänen des Architekten und Hofbaumeisters Georg Friedrich Ludwig Laves[86] bedeutend an repräsentativer äußerer Wirkung gewonnen; im Inneren waren seit 1835 lediglich die Räume des zweiten Obergeschosses um- und neugestaltet worden, die repräsentative Funktion hatten. Einige wenige Räume im ersten Obergeschoß des Leineflügels waren als Privatbereich für das Königspaar bei gelegentlichen Aufenthalten im Schloß bestimmt; diesen Räumen wurde offenbar auf Friederikes Anregung der Wintergarten angebaut. Auch an der Innenausstattung der Repräsentationsräume, deren Fortsetzung seit 1837 in verstärktem Maße betrieben wurde, nahm sie starken Anteil.[87]

Nr. 250.

Friederike,

Königin von Hannover.

gest. d. 29. Juni 1841.

Neu Ruppin, bei Oehmigke & Riemschneider.

Ernst,

König von Hannover.

geb. d. 5. Juni 1771.

Repräsentativer Art war auch die Aufgabe, die der neue König um die Mitte des September wahrzunehmen hatte: Die von seinem Urgroßvater gegründete Georg-August-Universität in Göttingen beging vom 16. bis zum 18. September ihr 100jähriges Jubiläum, und der König als »Rector magnificentissimus« nahm an der Feier teil. Einer der Höhepunkte der Saecularfeier war die Einweihung des vom Vorgänger Ernst Augusts initiierten und teilweise auch aus persönlichen Mitteln finanzierten Aulagebäudes[88] mit der gleichzeitigen Enthüllung des von der dankbaren Stadt gestifteten Denkmals für König Wilhelm IV.[89] auf dem Platz davor, nun »Wilhelmsplatz« genannt. Bei dieser Gelegenheit konnten die auf dem Platz versammelten Göttinger Bürger und die Studenten einigermaßen befremdet feststellen, daß der König, am offenen Fenster im Obergeschoß der neuen Aula stehend, sich abwandte, als die Hülle von seines Bruders Denkmal fiel und die Menge ein »Hurra« auf den Verstorbenen ausbrachte. Diese Geste der Mißbilligung blieb in der Erinnerung der Anwesenden haften; ihr tieferer Sinn sollte sich bald zeigen.

Das von ihm von Anbeginn abgelehnte Staatsgrundgesetz für das Königreich Hannover von 1833 und sein vergeblicher Protest dagegen war für den König in dieser ersten Zeit seiner Regierung ein Stachel im Fleisch, und im Laufe der Wochen und Monate wuchs – unterstützt von konservativen Politikern in seinem Umkreis wie dem Ersten Kabinettsminister Georg Schele zu Schelenburg, welcher n. b. zu denjenigen gehört hatte, die an der Ausarbeitung eben jenes Staatsgrundgesetzes beteiligt gewesen waren – die Überzeugung, durch seinen Protest das Recht erworben zu haben, das verhaßte Gesetzeswerk außer Kraft zu setzen. So erfolgte als erster politischer Schritt des seit wenigen Monaten regierenden Königs die Aufhebung des Grundgesetzes durch Verfügung am 1. November 1837, eine Maßnahme, die in den Augen der liberal Denkenden illegal war und einem Staatsstreich gleichkam.

In Göttingen, wo Dahlmann Professor war, welcher an der Formulierung und Ausarbeitung der Verfassung entscheidend mitgewirkt hatte, fand sich im Bereich der Universität ein Kreis von sieben Professoren – unter ihnen neben Dahlmann die Brüder Wilhelm und Jacob Grimm, der Historiker Georg Gottlieb Gervinus, der Jurist Wilhelm Albrecht und der Physiker Wilhelm Weber –, welche sich auf ihren Eid auf die Verfassung beriefen und in einer von Dahlmann verfaßten Protestschrift an den König diesem den – erneuten – Eid auf dessen Person verweigerten. Durch gezielte Indiskretion geriet das Schreiben, noch bevor der König davon Kenntnis hatte, an die Öffentlichkeit und führte zu einem Entrüstungssturm gegen den König von Hannover in der Öffentlichkeit des gesamten Deutschen Bundes. Die Entlassung der sieben Professoren ohne die ihnen eigentlich zustehende Anhörung und der Landesverweis für Dahlmann, Gervinus und Jacob Grimm, denen die Verbreitung der Protestschrift zur Last gelegt wurde, setzte noch einen drauf und führte dazu, daß der König von Hannover in der Öffentlichkeit als der Erzfeind der allmählich sich entwickelnden liberalen Politik und ihrer Vertreter in Deutschland dastand. Viele Studenten verließen Göttingen, und die Universität hatte damit die Auswirkungen der königlichen Politik zuerst zu tragen – es dauerte einige Zeit, bis der schlechte Ruf nachließ, in den die Politik des Königs das Land und damit die Universität gebracht hatte, welche bis dahin immer als besonders »frei« in Lehre und Forschung galt.

Von Friederike weiß man nicht, welche Position sie in dieser Angelegenheit einnahm – wenn sie denn überhaupt eine Meinung in dieser Sache äußerte. Es ist wohl anzunehmen, daß sie als Gemahlin des Königs seine Ansichten teilte – darin wie er ein Kind des »ancien régime« –, zum anderen aber auch mit Sorge sah, daß weder sein politisches wie sein persönliches Verhalten dazu angetan war, nach außen eine positive Wirkung zu erzielen und Vertrauen in seine Politik zu erwecken.

Seinen Vorstellungen von seiner Würde als König entsprachen auch die Formen der Hofhaltung in ihren repräsentativen Bereichen: Bei den großen Veranstaltungen des Hannoverschen Hofes, die seit dem Winter 1838 in den Räumen des Leineschlosses stattfanden, wurde auf strenge Etikette Wert gelegt, und es gab eine ebenso strenge – oder enge – Auswahl der »hoffähigen« Personen, die die Gnade fanden, zu diesen Höhepunkten des Residenzlebens gebeten zu werden. Das Auftreten der Königin wurde allgemein sehr positiv gesehen – »Sie verlieh dem Hof Würde und Ansehen«, hieß es allgemein.

Dagegen blieben im privaten Bereich des Königspaars, im Alten Palais, die alten Gewohnheiten lebendig, die schon in Berlin die Gastlichkeit im Haus von Ernst August und Friederike bestimmt hatten und von den Gästen geschätzt wurden: Es gab ungezwungene Geselligkeiten im kleinen Kreis wie früher Unter den Linden, zu denen auch nicht unbedingt »Hoffähige« eingeladen wurden, wenn sie denn unterhaltsam waren oder durch ihre Fähigkeiten und Interessen die Abende bereicherten.

Als Königin lebte Friederike weiterhin eher zurückgezogen in ihrer Häuslichkeit; mit ihren nunmehr sechzig Jahren war sie für jene Zeit – und vielleicht auch für ihr eigenes Gefühl, wofür ihr leicht mokanter Ausspruch »mon feu visage« (»weiland mein Gesicht«) als Kommentar zu der Portraitbüste Schadows ein Hinweis sein könnte – eine ältere Dame. Jedoch ihr Charme war ihr geblieben, und ihre frühere Schönheit war immer noch in ihren Zügen abzulesen und zu spüren; ihr Bildnis von der Hand des damaligen Hofmalers Conrad L'Allemand[90], das als Lithographie weite Verbreitung fand, zeigt dies ganz deutlich. Ungeachtet der Spuren des Alters ist hier eine Frau zu erkennen, die den Liebreiz ihrer Jugend über alle Prüfungen und Erfahrungen ihres Lebens hinweg bewahrt hat. Gekleidet in die elegante Mode des Biedermeier, trägt sie ein Diadem mit Brillanten in der ebenfalls modischen Lockenfrisur der Zeit und eine vierreihige Perlenkette als Halsschmuck. Zarte Bänder aus Spitzen fallen von den Haarknoten herab über ihre Schultern. An der linken ist mit Bandschleifen der englische Hausorden mit dem Miniaturportrait des Königs Georg IV. befestigt. Zum Gedenken an die geliebte Schwester trägt sie daneben den Luisenorden, gestiftet am 3. August 1814 von König Friedrich Wilhelm III. als Auszeichnung für Verdienste preußischer Frauen in den Befreiungskriegen, ein Kreuz mit dem Buchstaben »L« und sieben goldenen Sternen im runden Mittelfeld.

Ihrem blinden Sohn galt ihre ganze Sorge, die Familie führte ein harmonisches und eher ruhiges Leben in Hannover, das aber immer auf Gastfreiheit und Großzügigkeit ausgerichtet blieb. Vordringlich im sozialen Bereich engagierte sich das Königspaar, und zahlreiche Einrichtungen auf diesem Gebiet erhielten Unterstützung aus Friederikes und des Königs privaten Einkünften. Das 1840 als Krankenhaus gegründete Friederikenstift in Hannover trägt bis heute den Namen der Königin. Auf ihren Wunsch hin wurden für die im Königreich bestehenden evangelischen Damenklöster Orden gestiftet, deren Entwürfe die Königin begutachtete; sie werden bis heute von den Äbtissinnen und Konventualinnen der lüneburgischen und calenbergischen Klöster bei offiziellen Anlässen getragen. Die sonstigen Aktivitäten Friederikes wurden überschattet von einer gewissen Anfälligkeit ihrer körperlichen Konstitution, die mit den Jahren sich verstärkte; so sah sie sich gezwungen, ihre offiziellen Aufgaben auf das Nötigste zu reduzieren und nur dann in Erscheinung zu treten, wenn es die Situation unerläßlich sein ließ.

Ernst August dagegen blühte mit seiner neuen Aufgabe förmlich auf, obwohl er die Mitte der Sechziger bereits überschritten hatte. Seine Reiselust beflügelte ihn und trieb ihn zu immer neuen Unternehmungen; er bemühte sich, möglichst viele Orte im Königreich Hannover aufzusuchen, um durch seine Präsenz die Ernsthaftigkeit zu vermitteln, mit der er sein Amt erfüllte, und auf diese Weise sein Ansehen und seine Popularität bei der Bevölkerung zu stärken. Friederike, die immer häufiger daheim bleiben mußte, weil ihre Gesundheit ihr nicht erlaubte, die Strapazen der Reisen auf sich zu nehmen, erhielt von ihrem Gatten täglich einen Brief; auf diese Weise ließ er sie an seinem Leben teilhaben – ein weiteres Zeichen seiner tiefen Zuneigung und Liebe.
War der König in Hannover, so waren die Mittwochnachmittage für jeden, der ein Gesuch persönlich überreichen wollte, die Zeit, unmittelbar bei ihm vorzusprechen: In seinem Arbeitszimmer im Alten Palais

Georg, Kronprinz von Hannover. Lithographie nach einer Zeichnung von Franz Krüger, um 1840.

empfing Ernst August jeden, der bat, bei ihm vorgelassen zu werden[91], hörte an, was ihm vorgetragen wurde und verwies auf die zuständige Behörde oder entschied persönlich in der Angelegenheit. Diese Bemühungen um Nähe zu seinen Untertanen erhöhten zunächst seine Beliebtheit bei der Bevölkerung, jedoch führten seine häufig selbstherrlich getroffenen Maßnahmen und seine im ganzen restaurative bis reaktionäre Politik immer wieder zur Unzufriedenheit bei der Opposition, den Liberalen und den Demokraten. Ein Höhepunkt dieser Entwicklung waren die Aufläufe und Demonstrationen nach der Amtsenthebung des Hannoverschen Stadtdirektors Rumann im Jahre 1839[92]. Friederike mag sich Sorgen gemacht haben, reichten ihre Erinnerungen doch durchaus in jene Zeiten zurück, als die Revolution in Frankreich losbrach, deren Folgen Europa und dessen »alte Werte« von Grund auf umgewälzt und verändert hatten. Ernst August blieb anscheinend völlig unberührt von solchen Erwägungen, die ihn in seinem ausgeprägten Konservatismus eher bestärkt hätten; im übrigen waren ihm ähnliche Vorfälle in seiner Londoner Zeit begegnet, die Situation war ihm also nicht neu.

Im Kreis der Kinder und ohne große Festlichkeiten repräsentativer Art beging das Königspaar am 29. Mai 1840 den Tag seiner silbernen Hochzeit; dies mag sich aus der angegriffenen Gesundheit Friederikes erklären lassen. Zu diesem Anlaß ist ein Gedicht von ihrer Hand überliefert, welches sie »Meinem teuren geliebten Könige am 29. Mai 1840« widmete und in dem sie mit leiser Melancholie und Zärtlichkeit zurückblickte auf die gemeinsam verbrachten Jahre[93]:

»Es ist nicht mehr die Braut im rosigen Gewande,
Nicht mehr das jugendliche Weib,
Das heut', Du Theuerster, Dir naht.
Fünf mal fünf Jahre sind dahingeschwunden
Seit jenem Tag, als am Altare Gottes
Ich Lieb' und Treue Dir gelobt.

Die Jahre sind dahin im Strome der Vergangenheit
Mit Jugend und mit Schönheit,
Mit Freud und Leid und allem,
was ein weiser Gott
auf uns'rer Lebensbahn hat beschieden.

Doch eine Gabe hat kein Zeitstrom fortgerissen,
Die bring' ich heute unversehrt Dir dar.
Sie hat nur stärker, fester noch als damals sich gestaltet,
Das ist die treue Liebe, die mein Herz Dir stets bewahrte,
Die Liebe, die in Ewigkeit besteht.
Friederike«

Wenige Tage später, am 7. Juni 1840, starb der preußische König Friedrich Wilhelm III., ein Weggefährte durch die Zeit, der als König wie als Schwager durch alle Fährnisse ihres Lebens zu Friederike gehalten, ihr in schweren Zeiten beigestanden und Trost und Hilfe geleistet hatte. Der Tod des acht Jahre Älteren und die Trauer um den Freund, den sie mit ihm verloren hatte, dürfte nicht spurlos an ihr vorübergegangen sein: Den Winter über kränkelte sie und hielt sich von allen Verpflichtungen möglichst fern.[94]

Das folgende Jahr 1841 schien sich besser anzulassen. Jedoch nach einiger Zeit meldete sich ihr Magenleiden, das ihr schon seit Jahren immer wieder zu schaffen gemacht hatte; am Ostersonntag erschien sie zum letzten Mal bei Tisch.[95] Schwere Magenkrämpfe führten Anfang April zu Bettlägerigkeit; allmählich verschlechterte sich ihr Zustand, und Ernst August machte sich große Sorgen, wie er seinem Schwager Georg, Großherzog von Mecklenburg-Strelitz, am 8. Juni des Jahres schrieb.[96] Der Zustand der Kranken verschlechterte sich zusehends, und eine allgemeine Schwäche ließ sich erkennen; am 27. fühlte sich Friederike so elend, daß sie nicht nur den Arzt, sondern auch den Hofprediger rufen und sich von ihm das Abendmahl reichen ließ; sie fühlte die Nähe des Todes. Wenige Stunden später fand ihr Leben sein Ende.

Ernst August traf der Tod seiner geliebten Frau tief. Er ließ seinen Tränen freien Lauf.[97] In dem Brief, den er am Morgen unmittelbar nach Friederikes Tod an deren Bruder Georg schrieb, äußert sich die tiefe Trauer, die ihn erfaßt hatte: »Ach, all mein Glück in dieser Welt ist vorbei. Zwanzig Minuten nach Mitternacht hat unsere engelgleiche, angebetete Ike ausgehaucht. Ach was für ein Wort, oh lieber Freund, Du kennst meine Hingebung für diesen Engel von Frau, denn sie war es; niemals habe ich ihresgleichen kennengelernt. Sie war die treueste und zärtlichste Gattin, die beste der Mütter und die aufrichtigste Freundin, edel, großzügig und freigebig gegen alle Welt; sie hatte keinen anderen Gedanken oder Wunsch, als alles um sie her glücklich zu machen.

Ach, was für ein Engel! – Du kennst meine Liebe für diese anbetungswürdige Frau. Sie war für mich alles in dieser Welt, für mich ist alles verloren, denn ich kann wohl sagen, daß ich nur für sie lebte. Ich fand in ihr die zärtlichste Frau, die aufrichtigste, die ich um alles befragte, mit der ich über alles sprach und die mir immer die besten Ratschläge gab, denn sie war ohne Eigennutz. Ach, mein Unglück ist groß, das Leben hat keinen Reiz mehr für mich.«[98]

Die Beisetzung fand am 7. Juli 1841 statt. Der Sarg wurde in feierlichem Zug aus dem Alten Palais über die Straße ins Leineschloß gegenüber getragen. In der Gruft der Schloßkirche fand die Verewigte ihre erste, vorübergehende Ruhe. »Sie ist genau gegenüber meinen Fenstern beigesetzt; die Wand des Schlosses trennt sie von mir, und ich habe einen Schlüssel machen lassen, damit ich zu ihr gehen und an ihrem Sarge beten kann«[99], schrieb der König an seinen Schwager in Neustrelitz. Als endgültige Ruhestätte für Friederike und sich selbst wünschte Ernst August ein Mausoleum im Berggarten gegenüber vom Sommerschloß Herrenhausen und beauftragte den Hofarchitekten Georg Ludwig Laves mit der Planung. Der in den Jahren 1842–47 errichtete Bau lehnt sich – offenbar auf Wunsch des Königs – formal an jenen an, den Friedrich Wilhelm III. für Friederikes Schwester Luise im Schloßpark Charlottenburg 1810–12 nach Plänen Karl Friedrich Schinkels durch Heinrich Gentz hatte erbauen lassen. Nach dem Vorbild dort plante Laves einen kubischen Bau, dem ein viersäuliger Portikus in dorischer Ordnung vorgelegt ist, und wie dort wurde der Berliner Bildhauer Christian Daniel Rauch gewonnen, das Bild der Verstorbenen für den Sarkophag zu gestalten. Dabei schloß dieser formal unmittelbar an das Vorbild in Berlin an, und die Darstellung Friederikes folgt derjenigen der geliebten Schwester, die 31 Jahre vor ihr verstorben war. Ebenfalls am Vorbild in Berlin orientiert sich in etwa die Einteilung des Innenraumes, der oberhalb der eigentlichen Gruft, welche die Särge der Familie aufzunehmen bestimmt war, einen erhöhten, von Säulen umstandenen Raum bildet, in welchem der Sarkophag der Königin und – nach dessen Tod 1851 – der des Königs ihren Platz fanden.[100] Dieser verfügte in seinem am 9. Dezember 1842 aufgesetzten Vermächtnis: »Ich will eine volle Woche über der Erde bleiben, bevor Ich nach meiner letzten Ruhestätte gebracht werde, welche, wenn das Mausoleum, das Ich gegenwärtig für Meine geliebte Friederike bauen lasse, noch nicht fertig ist, in der Gruft sein soll, welche Meinem Fenster gegenüber im Schloß sich befindet[101];

Ernst August in seinem Arbeitszimmer im Alten Palais. Nach einer Lithographie, um 1840/50.

wenn dann die Gruft in Herrenhausen beendigt und zu Unserer Aufnahme bereit ist, sollen Unsere beiden, der geliebten Friederike und Meine irdische Hülle zusammen dorthin auf einem und demselben Wagen gebracht werden, so daß Wir dort in demselben Augenblicke zugleich beigesetzt werden.«[102]

»Alles wird in ihren Räumen bleiben, wie sie es hatte, nichts wird verändert werden«, schrieb er an seinen Schwager Georg[103], und so blieb es: Die Kerzen wurden abends angezündet, ihre Bücher und die Flasche mit Eau de Cologne blieben dort, wo sie die Verstorbene zuletzt berührt und hingelegt hatte; Ernst August ging an jedem Abend in die Gemächer Friederikes, um ihrer in Trauer zu gedenken.[104] Der König begann an seinen eigenen Tod zu denken und beauftragte Christian Rauch, auch sein Bildnis für den für ihn bestimmten Sarkophag zu gestalten, saß ihm sogar persönlich. Aber die tiefe Trauer verließ ihn nicht: Als er im

Die Sarkophage von Königin Friederike und König Ernst August im Mausoleum im Berggarten zu Herrenhausen. Foto ca. 1870.

Sommer 1841 nach einer Kur aus Bad Ems wieder nach Hannover zurückgekehrt war, schrieb er an den Schwager in Neustrelitz: »... die Rückkehr ist immer noch schrecklich. Ach, ich kann nicht aussprechen, was ich alles durchgemacht habe, als ich hier wieder eintraf, allein in mein Zimmer zu treten, denn die liebe, angebetete Ike trat (sonst immer) im Augenblick meiner Ankunft heraus und kam zuerst herunter, um mich mit offenen Armen zu empfangen. Diesmal kam ich allein ins Haus, aber ich bin schnell zu ihren lieben Räumen hinaufgestiegen, die genauso sind wie sie waren, und dort habe ich lange geweint.«[105]

Hier wird noch einmal deutlich, daß Friederike in diesem wahrhaft nicht einfach zu nehmenden Mann, der zu so viel Kritik Anlaß gegeben

Das Mausoleum im Berggarten zu Herrenhausen. Foto 2002.

hat, aber bei alldem ein sensibles Herz und eine zarte Seele gehabt haben muß, das gefunden hatte, was sie 1799, in einer Zeit, da sie nicht mehr daran zu glauben vermochte, in Worte gefaßt hatte: »Ich habe immer das Glück gesucht und ersehnt, zu lieben und geliebt zu werden.«

Fußnoten:

1 Willis S. 312
2 v. Taack 1987. S. 213
3 Willis S. 312
4 Willis S. 312
5 Zeichen dafür sind die Briefe der alteren Tochter des Ehepaars, der Königin Luise von Preußen, an den Vater und die Geschwister; vgl. Rothkirch passim.
6 Frfr. Grote-Kramer S. 23
7 Ohff S. 28
8 Ohff S. 31
9 Alfter S. 8
10 Ohff S. 46
11 Ohff S. 45
12 Ohff S. 65
13 Ohff S. 67
14 Ohff S. 71
15 v. Taack 1987. S. 13
16 1773 für den Vater Friedrich Wilhelm II., damals Kronprinz von Preußen, durch Philipp Gerlach aus einem älteren Privathaus um- und ausgebaut.
17 Er wurde erst in den Jahren 1810/11 nach den Plänen von Heinrich Gentz zusammen mit dem an den Linden gelegenen Kopfbau des Prinzessinnenpalais errichtet.
18 Rothkirch S. 60/61
19 Rothkirch S. 94
20 Die erste Fassung in Gips ist heute in der Friedrichwerderschen Kirche ausgestellt, während die auf Befehl des Königs ausgeführte Marmorfassung – ehemals für die Aufstellung im Königlichen Schloß bestimmt – in der Alten Nationalgalerie SMPK ihren würdigen Ort im Eingangsbereich des Erdgeschosses gefunden hat.
21 Schadow 1849 Bd. 1 S. 38
22 Hier irrte Schadow: Geburtsort beider Schwestern war Hannover, und Darmstadt liegt nicht am Main.
23 Daß die Prinzessinnen durchaus des in Darmstadt gesprochenen hessischen Dialekts mächtig waren, geht aus einem Brief Luises vom 15. Mai 1793 an Friedrich Wilhelm hervor, dem Friederike einen Kommentar im breitesten Hessisch hinzufügte; vgl. Rothkirch S. 22
24 Ironisch: »Weiland mein Gesicht«. Ein besonders schönes Exemplar der Büste befindet sich in der Sammlung der Alten Nationalgalerie SMPK, ein anderes im Behnhaus in Lübeck.
25 Schadow Bd. 2 S. 408–410
26 Rothkirch S. 106
27 Rothkirch S. 108
28 Rothkirch S. 109
29 Rothkirch S. 111
30 v. Taack 1986. S. 257
31 Kosename, der unter den Geschwistern üblich war und auch immer wieder in Luises Briefen auftaucht.
32 Schadow Bd. 1 S. 42
33 Der Tod Friedrich Wilhelms II. verhinderte die Ausführung; seinem Sohn und Nachfolger mißfielen der vorgesehene Ort im Berliner Dom und die Darstellung lebender Personen am Denkmal, d. h. der trauernden Friederike und ihrer Kinder.

34 So wörtlich; vgl. Ohff S. 200
35 Kleßmann S. 79/80
36 Alfter S. 9–11
37 Rothkirch S. 124
38 Alfter S. 11/12
39 Willis S. 47
40 Rothkirch S. 132
41 v. Taack 1987. S. 46
42 Dies mag ein Hinweis auf den englischen Prinzen Adolph Friedrich sein, der nach Vermutung v. Taacks Vater des Kindes war.
43 Rothkirch S. 145
44 Rothkirch S. 144
45 Schadow Bd. 1 S. 49. Die Prinzessinnengruppe stand lange Zeit in einem Raum im Erdgeschoß der Lustgartenseite des Berliner Stadtschlosses bei schlechter Beleuchtung.
46 v. Taack 1987 S. 60
47 Hier ist wohl »Prinz Solms« gemeint.
48 Rothkirch S. 214
49 Das Kind hat offensichtlich nicht lange gelebt.
50 Wilhelm Christian Carl von Solms-Braunfels war regierender Fürst seit 1783.
51 Rothkirch S. 305
52 Rothkirch S. 307
53 Rothkirch S. 315
54 Rothkirch S. 318/319
55 Rothkirch S. 483
56 Willis S. 48
57 v. Taack S. 96, Brief vom 17. 11. 1810 an Scheffner
58 Willis S. 48, Brief vom 20. 5. 1836
59 Willis S. 49
60 Friedrich Wilhelm III.
61 Willis S. 49/50
62 Willis S. 50
63 Willis S. 50/51
64 v. Taack S. 125
65 Willis S. 50, Brief vom 31. 7. 1814
66 Willis S. 56
67 Willis S. 57
68 Willis S. 58
69 Ein Hinweis darauf ist z. B. die Zeichnung von Wilhelm Hensel, die Friederike als Dschehana zeigt, welche sie bei dem Maskenfest »Lalla Rookh« darstellte, das anläßlich des Besuches der mit dem Großfürsten Nikolaus von Rußland, dem späteren Zaren Nikolaus I., verheirateten Tochter des preußischen Königs, Charlotte (als Zarin Alexandra Feodorowna), am 11. Februar 1821 im Berliner Schloß stattfand (Schadow Bd. 1. S. 143). Vgl. Frfr. Grote-Kramer S. 148
70 Erst 1833 wurde die Apanage des Herzogs vom englischen Parlament angemessen erhöht; so verzichtete Friederike auf die Pension des Königs; seit 1836 wurde auch ihr eine jährliche Apanage aus den Mitteln der englischen Krone bezahlt. Vgl. v. Taack S. 156
71 Der 1794 geborene Enkel des Herzogs Leopold Friedrich Franz von Anhalt-Dessau, des Schöpfers des »Dessauer Gartenreiches«, regierte bis 1871.

72 1819–1878. Als Georg V. wurde er 1851 als Nachfolger seines Vaters König von Hannover, das er 1866 an Preußen verlor, ging ins Exil nach Österreich und starb, ohne offiziell auf den hannoverschen Thron verzichtet zu haben, 1878 in Paris.

73 1840–1858/61 Nachfolger seines Vaters als König von Preußen.

74 1858 Regent in Preußen anstelle seines regierungsunfähigen Bruders, 1861 dessen Nachfolger als König von Preußen und 1871–1888 Deutscher Kaiser.

75 Sie war der Königin Luise Vertraute und Freundin gewesen und hatte nach deren Tod eine vergleichbare Position für Friederike.

76 Willis S. 59

77 Er regierte als Großherzog von Mecklenburg-Strelitz in der Nachfolge seines Vaters seit 1816.

78 v. Taack S. 183.

79 Willis S. 63/64

80 Willis S. 63

81 Das Hausstatut der englisch-hannoverschen Welfen wurde 1836 zwar dahingehend verändert, daß auch in Hannover die weibliche Erbfolge möglich sein sollte, allerdings nur für den Fall des gänzlichen Erlöschens des Mannesstamms. Vgl. Schnath u. a. 1973. S. 51/52

82 Willis S. 68; ausführlicher dazu Brosius S. 10 f.

83 Willis S. 68

84 Schnath S. 50

85 Willis S. 69

86 1788–1864, vgl. Schnath 1956. S. 119 ff.

87 Ausst.Kat. Hannover 1988. S. 163 f.

88 Erbaut in den Jahren 1835–1837 durch den Architekten Otto Praël.

89 Geschaffen von Ernst v. Bandel, dem Schöpfer des Hermannsdenkmals im Teutoburger Wald.

90 1809–1886, vgl. Frfr. Grote S. 69

91 v. Taack S. 206

92 Schnath 1956. S. 132

93 v. Taack S. 212

94 v. Taack S. 213

95 Willis S. 312

96 Willis S. 312

97 Willis S. 313

98 Willis S. 312/313

99 8. 7. 1841 vgl. Willis S. 313

100 Ausst.Kat. Hannover 1988. S. 186–188

101 Gemeint ist die Gruft in der Schloßkirche im Leineschloß.

102 v. Taack S. 213

103 Willis S. 313

104 Willis S. 313

105 Willis S. 315

Zeittafel

1778 2. März: Friederike Sophie Alexandrine geboren in Hannover

1782 Tod der Mutter

1785 Tod der Tante und Stiefmutter

1787 Der Vater zieht mit den Söhnen Karl und Georg nach Darmstadt, nachdem er den Dienst als Gouverneur in Hannover quittiert hat.

1790 Prinzessin George wohnt mit Luise, Friederike und Georg im Hause der Frau Rath Goethe in Frankfurt/M., als sie sich aus Anlaß der Krönung Franz II. zum deutschen Kaiser dort aufhalten.

1793 25. Dezember: Heirat der Schwester Luise mit dem preußischen Kronprinzen Friedrich Wilhelm (III.)

1793 26. Dezember: Heirat mit dem Bruder des Kronprinzen, Prinz Ludwig (genannt Louis)

1797 Thronbesteigung des Schwagers Friedrich Wilhelm und der Schwester Luise

1807 Kur in Karlsbad

1808 Kur in Teplitz (heute Teplice, Tschechien)

1810 Tod der Schwester, Königin Luise von Preußen, in Hohenzieritz

1825 Friedrich Wilhelm III. überläßt Friederikes Familie Schloß Schönhausen als Sommersitz.

1837 Der Herzog von Cumberland wird König von Hannover.

1841 29. Juni: Friederike stirbt im Alten Palais zu Hannover.

Ernst August, König von Hannover, Reiterstandbild vor dem Hauptbahnhof Hannover von Albert Wolff (1814–1892), eingeweiht 1861. Foto 2002.

Friederikes Familie

Ihre Eltern

Vater: Carl Ludwig, Erbprinz von Mecklenburg-Strelitz, 10.10.1741 – 6.11.1816, regierte als Nachfolger seines Bruders Adolf Friedrich IV. seit 1794, seit 1815 Großherzog

Mutter: Friederike Caroline, Prinzessin von Hessen-Darmstadt, 20.7.1752 – 22.5.1782, älteste Tochter des Prinzen Georg von Hessen-Darmstadt (Heirat 18.9.1768). Nach ihrem Tod im Kindbett heiratet Karl (26.8.1784) ihre jüngere Schwester, Charlotte Wilhelmine, 5.11.1755 – 12.12.1785, welche ihrerseits nach der Geburt eines Sohnes, Karl, stirbt.

Großmutter (mütterlicherseits): Albertine Luise, Prinzessin von Hessen-Darmstadt, geb. Gräfin von Leiningen-Heidesheim, Witwe des Prinzen Georg, genannt »Prinzessin George«, 16.3.1729 – 11.3.1818

Tante: Charlotte Sophie, 19.5.1744 – 17.11.1818, Schwester des Vaters, seit 1761 vermählt mit Georg III., König von Großbritannien und Kurfürst von Hannover

Ihre Ehemänner:

1. ⚭ 26.12.1793 **Friedrich Ludwig (»Louis«), Prinz von Preußen** 5.11.1773 – 28.12.1796, Bruder des Kronprinzen, späteren Königs Friedrich Wilhelm III.
2. ⚭ 10.12.1798 **Friedrich Wilhelm, Prinz von Solms-Braunfels** 22.10.1770 – 13.4.1814
3. ⚭ 29.5. (Neustrelitz)/29.8.1815 (London) **Ernst August, Prinz von Großbritannien**, 5.6.1771 – 18.11.1851, seit 1799 Herzog von Cumberland und Teviotdale, vierter Sohn des Königs Georg III. von Großbritannien, 20.6.1837 König von Hannover. Dessen jüngerer Bruder, Adolph Friedrich, Prinz von Großbritannien und Herzog von Cambridge, 24.2.1774 – 8.7.1850, wirkt 1816 – 1831 als Generalgouverneur, 1831 – 1837 als Vizekönig in Hannover.

Ihre Kinder:

Aus der Ehe mit Prinz Louis von Preußen:

Friedrich Ludwig, Prinz von Preußen, 30.10.1794 – 27.7.1863, kgl. preuß. General-Lieutenant, General-Inspecteur der 3. Armee-Abteilung, 1821 – 1848 in Düsseldorf,

⚭ 21.11.1817 **Wilhelmine Luise, Prinzessin von Anhalt-Bernburg**, 30.10.1799 – 9.12.1882,
zwei Söhne: **Alexander und Georg, Prinzen von Preußen**
Carl Georg, Prinz von Preußen, 25.9.1795 – 6.4.1798
Friederike Wilhelmine Luise Amalie, Prinzessin von Preußen, 30.9.1796 – 1.1.1850
⚭ 18.4.1818 **Leopold Friedrich, Herzog von Anhalt-Dessau**, 1.10.1794 – 22.5.1871, regierte als Nachfolger seines Großvaters Leopold Friedrich Franz seit 1817, *ein Sohn:* Leopold Friedrich Franz, Erbprinz, zwei Töchter: Friederike Amalie Agnes und Maria Anna, Prinzessinnen von Anhalt-Dessau

Aus der Ehe mit Prinz Friedrich von Solms-Laubach:
Friedrich Wilhelm Heinrich, Prinz von Solms-Braunfels, 30.12.1801 – 12.9.1868, kgl. preuß. General-Lieutenant
⚭ 8.8.1831 **Maria Anna Gräfin Kinsky**, 19.6.1809 – 5.12.1892,
zwei Söhne: Georg Friedrich (setzte die fürstliche Linie als Nachfolger seines Vetters Friedrich Wilhelm Ferdinand fort) und Hermann, Prinzen von Solms-Braunfels
Auguste Luise, Prinzessin von Solms-Braunfels, 25.7.1804 – 8.10.1865,
⚭ 26.7.1827 **Albert, Prinz von Schwarzburg-Rudolstadt**, 30.4.1798 – 26.11.1869, regierte seit 1867 als Nachfolger seines Bruders Friedrich Günther
Alexander Friedrich Ludwig, Prinz von Solms-Braunfels, 12.3.1807 – 20.2.1867, kgl. preuß. General-Major
⚭ 10.10.1863 **Luise Freiin von Landsberg-Velen**, 1.11.1835 – 11.1.1894, *ein Sohn:* Hermann, Prinz von Solms-Braunfels
Friedrich Wilhelm Karl, Prinz von Solms-Braunfels, 27.7.1812 – 13.11.1875, in österr. Diensten
⚭ 3.12.1845 **Sophie, Prinzessin zu Löwenstein-Wertheim-Rosenberg**, 9.8.1814 – 9.6.1876, *ein Sohn:* Alexander, Prinz von Solms-Braunfels

Aus der Ehe mit Ernst August, Herzog von Cumberland:
Georg Friedrich Alexander, 27.5.1819 – 12.6.1878, folgt seinem Vater 18.11.1851 als König Georg V. von Hannover, verliert Hannover 1866 durch Annexion an Preußen und zieht sich ohne Thronverzicht ins Exil nach Österreich zurück.

⚭ 19. 2. 1843 **Alexandrine Marie Wilhelmine Katherine, Prinzessin von Sachsen-Altenburg**, 14. 4. 1818 – 9. 1. 1907, *ein Sohn:* Ernst August, Kronprinz von Hannover, Herzog von Cumberland, zwei Töchter: Friederike und Mary, Prinzessinnen von Hannover

Ihre Geschwister:
Charlotte Georgine Luise, 17. 11. 1769 – 14.5.1818, ⚭ 1785 **Friedrich, Herzog von Sachsen-Hildburghausen**, seit 1826 von Sachsen-Altenburg, 29. 4. 1763 – 29. 9. 1834
Marie Therese Amalie, 5. 4. 1773 – 12. 2. 1839, ⚭ 25. 5. 1789 **Karl Alexander, Erbprinz von Thurn und Taxis**, 22. 2. 1770 – 15. 7. 1827, seit 1805 Fürst
Luise Auguste Wilhelmine Amalie, 10. 3. 1776 – 19. 7. 1810, ⚭ 25.12.1793 **Friedrich Wilhelm, Kronprinz von Preußen**, 3. 8. 1770 – 7. 6. 1840, 1797 König als Nachfolger seines Vaters Friedrich Wilhelm II.
Georg Friedrich Karl Joseph, 12. 8. 1779 – 6. 11. 1860, Erbprinz, folgt seinem Vater als Großherzog 6. 11. 1816, ⚭ 12. 8. 1817 **Marie Wilhelmine Friederike, Prinzessin von Hessen-Kassel**, 21. 1. 1796 – 30. 12. 1880

Aus der zweiten Ehe des Vaters:
Karl, 30.11.1785 – 21.9.1837, kgl. preuß. General, später Präsident des preußischen Staatsrates

Literatur:

Alfter, Dieter. »Hufeland will, daß ich im nächsten Jahr wiederkomme. Gott weiß, ob das geht.« In: Königin Luise von Preußen. Begleitheft zur Ausstellung. Bad Pyrmont 2001. S. 7–19.

Brosius, Dieter. Die Blindheit König Georgs V. In: »Größer noch als Heinrich der Löwe. König Georg V. von Hannover als Bauherr und Identitätsstifer«. Hg. von Gudrun Keindorf und Thomas Moritz. Duderstadt 2003. S. 10–18.

Frfr. Grote-Kramer, Angelika. Die Bildnisse des Königs Ernst August von Hannover (1771–1951). Eine ikonographische Studie mit einem Katalog. Phil. Diss. Göttingen 1998.

Hammer-Schenk, Harold u. Günther Kokkelink (Hg.). Vom Schloß zum Bahnhof. Bauen in Hannover. Zum 200. Geburtstag des Hofarchitekten G. L. F. Laves 1788–1864. Ausst.Kat. Hannover 1988.

Hammer-Schenk, Harold. »(...) und der Nachwelt würde zu auffallend werden, hier konnte der Architekt nicht weiter (...)« Das Leineschloß in Hannover. In: Ausstellungskatalog Hannover 1988. S. 145–170.

Kleßmann, Eckart. Prinz Louis Ferdinand von Preußen. Soldat, Musiker, Idol. München 1995.

Lange, Dieter. Herrenhausen – Architektur im Gartenbezirk. In: Ausst.Kat. Hannover 1988. S. 173–193.

Ohff, Heinz. Ein Stern in Wetterwolken. Königin Luise von Preußen.. Eine Biographie. 3. Aufl. München/Zürich 1992. = Serie Piper 1548.

Gräfin Rothkirch, Malve (Hg.). Königin Luise von Preußen. Briefe und Aufzeichnungen 1786–1810. Mit einer Einleitung von Hartmut Boockmann. München/Berlin 1993.

Schadow, Johann Gottfried. Kunstwerke und Kunstansichten. Ein Quellenwerk zur Berliner Kunst- und Kulturgeschichte zwischen 1770 und 1845. Kommentierte Neuausgabe der Veröffentlichung von 1849 von Götz Eckhard. 3 Bde. Berlin 1987.

Schnath, Georg. Die Geschichte des Leineschlosses 1636–1943. Hannover 1956. = Hannoversche Geschichtsblätter N.F. 9 H. 4. (Sonderheft Leineschloß), S. 20–205.

Schnath, Georg, Hermann Lübbing, Günther Möhlmann u.a. (Hg.) Geschichte des Landes Niedersachsen. Neuausgabe. Würzburg 1973. = Territorien-Ploetz, Sonderausgabe.

Taack, Merete van. Königin Luise. Die unbesiegbare Liebe. 4. Aufl. München 1987. = Heyne-Biographien 83.

Taack, Merete van. Friederike, die galante Schwester der Königin Luise. Im Glanz und Schatten der Höfe. Düsseldorf 1987.

Willis, Geoffrey Malden. Ernst August König von Hannover. Hannover 1961.

36 Seiten. Zahlreiche historische und aktuelle Aufnahmen in Farbe und Schwarzweiß. 4,00 Euro

Erhältlich in der Fontane-Buchhandlung Neuruppin und in weiteren ausgewählten Buchhandlungen oder direkt und portofrei beim Verlag.